4·16구술증언록 단원고 2학년 4반 제12권

그날을 말하다

성호 아빠 최경덕

이 도서의 국립중앙도서관 출판예정도서목록(CIP)은 서지정보유통지원시스템 홈페이지(http://seoji.nl.go.kr)와
국가자료공동목록시스템(http://www.nl.go.kr/kolisnet)에서 이용하실 수 있습니다.
CIP제어번호: CIP2019009519

4·16구술증언록 단원고 2학년 4반 제12권

그날을 말하다

성호 아빠 최경덕

4·16기억저장소 기획 편집
(사) 4·16세월호참사가족협의회 지원 협조

한울

책머리에

　4·16기억저장소에서는 세월호 참사 5주기를 맞아 구술증언 수집 사업의 결과물 일부를 100권의 책으로 발간하게 되었습니다. 이 사업은 2015년 6월부터 다양한 학문 분야 구술 연구자들의 자발적인 참여로 진행되어 왔으며, 세월호 참사를 좀 더 정확하고 다각적으로 기록하고 기억하고자 하는 노력의 일환으로 수행되었습니다.

　2014년 참사 발생 이후, 참사 피해자들의 목격담과 경험은 안타깝게도 공식적인 국가기관과 언론의 기록 속에서 철저히 소외되거나 왜곡되었습니다. 그것은 세월호 참사가 우리에게 안긴 죽음과 고통의 충격만큼이나 우리 사회의 끔찍한 비극이었습니다. 따라서 사업을 진행하면서 세월호 참사 희생자 가족, 생존자, 생존자 가족, 어민, 잠수사, 활동가, 기자 등등, 참사의 초기 과정을 직접 경험한 분들의 증언을 우선적으로 수집했습니다. 구술자는 이 사업의 취지와 방식에 개인적으로 동의한 분 중에서 선정했으며, 참여 과정에 어떠한 금전적 보상이나 이익이 제공되지 않았습니다. 또한 구술증언 수집 사업을 진행하는 동안, 면담자는 연구자이자 참사를 겪은 공동체 시민으로서 최대한 윤리적이고자 노력했습니다.

구술자마다 매회 약 2시간씩 3회를 원칙으로 음성 녹취와 영상 촬영을 하는 방식으로 진행되었고, 증언의 일관성을 확보하기 위해 면담자는 큰 틀에서 공통 질문지를 사용했습니다. 공통 질문지의 내용은 참사와 구술자 간의 관계성에 따라 차이가 있지만, 유가족 구술의 경우 1회차 '참사 이전의 삶, 팽목항과 진도에서의 경험, 자녀에 대한 기억'을, 2회차 '참사 이후 투쟁과 공동체 활동 경험'을, 3회차 '참사 이후 개인 및 가족이 경험한 삶의 변화와 깨달음, 자녀의 현재적 의미'를 중심으로 했습니다. 이처럼 증언 내용은 참사 이전에서 시작해 참사 발생 당시의 경험과 이후의 변화 과정까지 폭넓게 수집했고, 면담자는 구술 채록 과정에서 구술자의 발화를 최대한 존중하고자 했으며, 무엇보다 각자의 특수한 경험과 다른 시각을 충실히 반영하고자 했습니다.

이 구술증언록의 발간을 위해, 채록된 음성 자료는 문서로 변환해 구술자와 함께 검토했고, 현재 시점에서 공개할 수 있는 영역과 할 수 없는 영역으로 구별했습니다. 따라서 책에 실린 내용은 모두 구술자로부터 공개를 허락받은 부분입니다. 비공개 영역은 추후 구술자의 동의를 받아 적절한 절차를 거쳐 추가로 공개될 수 있으리라 생각합니다.

이 구술증언록 100권에는 그동안 우리 사회에 왜곡되어 알려지거나 잘 알려지지 않았던, 참사 발생 직후 팽목항과 진도 혹은 바다에서의 초기 상황에 관한 중요한 증언이 포함되어 있습니다. 또한, 자녀를 잃는 잔인하고 애통한 상황을 겪으면서도 그 누구보다 강인한 정치적 주체로 성장할 수밖에 없었던 유가족의 마음과 경험을 구체적으로, 그리고 여러 각도에서 살펴볼 수 있습니다. 그 외에도, 이 구술증언록은 2014년을 전후한 한국 사회의 여러 측면을 드러내는 귀중한 자료가 되리라고 생각합니다. 무엇보다 국내외의 많은 분이 이 책을 읽어, 장차 세월호 참사의 진상 규명과 역사 서술에 기여할 수 있기를 바랍니다.

구술증언 수집 사업이 진행되고, 책으로 출간되기까지 많은 분의 도움과 지지가 있었습니다. 이 지면을 빌려 부족하나마 감사의 말씀을 전하고자 합니다.

먼저 (사)4·16세월호참사가족협의회와 4·16기억저장소에 감사를 드립니다. 이분들의 신뢰와 적극적인 협조가 없었다면, 이 사업은 처음부터 시작할 수조차 없었을 것입니다. 또한 어려운 정치 환경 속에서도 사업의 취지에 공감해 재정 지원을 결정해 준 아름다운가게와 역사문제연구소에 감사드립니다. 두 단체 덕분에, 이 사업을 4년 동안 계속해 올 수 있었습니다. 그리고 구술증언록 100권의 발간에 동의하고, 바쁜 일정에도 출판 실무를 기꺼이 맡아주신 한울엠플러스(주)에도 감사를 드립니다. 이 외에도 많은 개인과 단체가 직간접적으로 많은 도움을 주시고 격려해 주셨습니다. 여기에 모두 밝히지 못하는 것을 죄송하게 생각합니다.

　말할 필요도 없이, 가장 크고 또 가슴 아픈 감사는 구술자 한 분 한 분께 드리고자 합니다. 이 책이 발간될 수 있었던 것은, 무엇보다 용기를 내어 아픔과 고통의 기억을 다시 떠올리고 장시간 진심으로 이야기를 해주신 구술자가 있었기 때문입니다. 오랜 시간 이야기를 나누며 함께 공감하기도 했지만, 그 아픔과 고통을 어떻게 가늠할 수 있을까 싶습니다. 더 큰 도움이 되지 못함을 안타까워하며, 이 구술증언록 100권의 발간이 피해자분들에게 조금이라도 위로가 될 수 있기를 기원합니다.

2019년 4월

4·16기억저장소 구술팀 책임자
서울대학교 인류학과 교수 이현정

차례

■ 1회차 ■

<u>17</u>
1. 시작 인사말

<u>17</u>
2. 구술 참여 동기와 근황

<u>19</u>
3. 안산 정착과 참사 이전의 일상

<u>26</u>
4. 교육관, 아이의 진로

<u>33</u>
5. 정치에 대한 생각

<u>35</u>
6. 소식 접한 이후 진도에 도착해서까지의 경험

<u>45</u>
7. 아이를 만나 장례를 치르기까지

■ 2회차 ■

<u>57</u>
1. 시작 인사말

<u>57</u>
2. 근황, 투쟁과 공동체 활동

<u>64</u>
3. KBS 항의 방문, 청와대를 향한 도보 시위

<u>68</u>
4. 국정조사 요구 2박 3일 농성

<u>70</u>
5. 특별법 제정 서명운동

<u>76</u>
6. 국회 청원

<u>79</u>
7. 특별법 제정 촉구 활동과 100일 집회

<u>81</u>
8. 범국민대회

<u>85</u>
9. 청운동 농성

<u>93</u>
10. 19박 20일 도보 행진, 아이들 영정 사진과 함께 한 도보 행진

■ 3회차 ■

101
1. 시작 인사말

101
2. 해수부 항의 방문

108
3. 특별법 시행령 투쟁

117
4. 예상치 못한 경험

121
5. 동거차도 감시단 활동

134
6. 전국 간담회, 안산 대시민 선전전

144
7. 국민 성금, 재판 참관

150
8. 온마음센터 활동

155
9. 가족협의회 심리생계분과 활동, 아빠공방 활동

162
10. 대안학교 이야기

■ 4회차 ■

<u>167</u>
1. 시작 인사말

<u>167</u>
2. 대전 강연회 이야기

<u>169</u>
3. 힘이 되는 점과 후회되는 점

<u>175</u>
4. 삶의 변화

<u>186</u>
5. 잃어버리면 안 되는 것을 지키기 위한 노력

<u>190</u>
6. 진상 규명의 의미, 아이를 떠올리면 드는 생각

성호 아빠 최경덕

구술자 최경덕은 단원고 2학년 4반 고 최성호의 아빠다. 책읽기를 좋아하고 국어선생님이
되고 싶어 했던 외동아들 성호는 아빠에게 자신의 분신과 같은 존재였다. 아빠는 4·16가족
협의회에서 심리생계분과장으로 활동하였으며, 지금도 부끄럽지 않은 아빠로 살기 위해
애쓰고 있다.

최경덕의 구술 면담은 2017년 1월 31일, 2월 7일, 13일, 22일, 4회에 걸쳐 총 5시간 15분
동안 진행되었다. 면담자는 정수아, 촬영자는 김솔이었다.

구술자 본인의 프라이버시나 제3자의 프라이버시를 보호해야 할 부분을 제외하고는 구술
자의 발화를 있는 그대로 전사했다.

1회차

2017년 1월 31일

1 시작 인사말

2 구술 참여 동기와 근황

3 안산 정착과 참사 이전의 일상

4 교육관, 아이의 진로

5 정치에 대한 생각

6 소식 접한 이후 진도에 도착해서까지의 경험

7 아이를 만나 장례를 치르기까지

시작 인사말

면담자　　　본 구술증언은 4·16 사건에 대한 참여자들의 경험과 기억을 기억으로 남김으로써 이후 진상 규명 및 역사 기술에 기여하고자 합니다. 지금부터 최경덕 씨의 증언을 시작하겠습니다. 오늘은 2017년 1월 31일이며, 장소는 안산시 단원구 세승빌라입니다. 면담자는 정수아이며, 촬영자는 김솔입니다.

구술 참여 동기와 근황

면담자　　　아버님, 본 구술증언 사업에 참여하신 동기가 무엇인가요?

성호 아빠　　구술이니까, 가지고 있는 거, 겪었던 경험, 이렇게 담는 거라고 생각을 했거든요. 그래서 크게 부담은 없었고, 그 비슷한 걸 몇 번 해봤잖아요. 뭐, 법률지원단에서도 해봤고 특조위에서도 해봤고 그렇게 했는데. 나중에 제가 이야기했던 걸 종이나 글자로 받을 수 있었으면 좋겠다는 생각도 좀 들었고요. 그래서 '해도 나쁘지 않겠다', 저도 좀 까먹고 있어서, 그런 생각에 했죠.

면담자　　　이 구술증언이 어떤 목적으로 사용되기를 바라시는지 여쭤봐도 될까요?

성호 아빠   알리는 용도로 썼으면 좋겠어요, 사실은 이랬다 하고. 그리고 이 사람들이 가지고 있는 생각들이 이렇다, 뭐 그렇게 좀 해줬으면 좋겠어요. 너무 과대 포장하지도 말고 뭐 있는 그대로 보여줬으면 좋겠어요. 너무 각색하거나 다듬지 말고. 있는 그대로 해줬으면 좋겠어요.

면담자   최근 2, 3주 이내에 진상 규명 관련해서 어떤 일을 하셨어요?

성호 아빠   동거차도[인양 감시활동] 교대를 들어갔었는데, 지난주에. 그 바지선 중국 작업자들하고, 해수부하고, 그쪽에 현장에 있는 모든 배들이 다 철수를 해버렸더라고요, 그날. 들어간 날 철수를 해버려 가지고, 들어갔다 다시 나왔죠. 31일이니까 오늘 다시 들어간다고 이야기를 들었는데, 어제 확인해 본 바로는 일기가 별로 좋지 않아서 한 2, 3일 정도 더 딜레이[지연]될 것 같다는 이야기를 들었어요. 그러니까 최근은 지난주 동거차도 갔다 온 거? 네.

면담자   '4·16의 목소리' 녹화하셨고요.

성호 아빠   그거는 한 2주 됐죠. 그런 것도 활동인가요?

면담자   그 팟캐스트가 여러 사람한테 알리는 역할을 하니까 활동이라고 할 수 있죠.

성호 아빠   그 '4·16의 목소리'에서는 또 제가 약간 쓴소리를 좀 했죠.

면담자   네, 듣고 왔습니다.

성호 아빠   가족들이 나쁘다. 왜냐면 너무 이렇게 예쁘게만 포장하려는 게 저는 싫어요. '있는 그대로 했으면 좋겠다' 하는 생각에 좀 이야기를 했더니 재욱이 엄마가 많이 말려가지고, 다 못 한 거 같아요. 이야기를 좀 더 했어야 하는데.

면담자   오늘 많이 하셔도 돼요.

성호 아빠   하고 싶은 이야기는 다 할 거예요, 질문해 주시면. 그런데 무엇을 이야기해야겠다고 생각해 온 건 없어요.

면담자   네, 그냥 있는 그대로 해주시면 됩니다.

성호 아빠   주제를 주시면 거기에 대해서 가진 생각을 이렇게 이야기하는 거고. 기억나는 대로 하면 되니까.

3
안산 정착과 참사 이전의 일상

면담자   먼저 4·16 이전의 삶에 대해서 조금 여쭤보겠습니다. 안산에 사신 건 언제부터인가요?

성호 아빠   1993년도요.

| 면담자 | 안산이 고향은 아니신가 봐요. |

성호 아빠   아니요. 그건 아니고, 부산에서 태어나서 자랐고요. 서울에 왔다가 집사람을 만나서 안산에다가 살림을 차린 거죠, 93년도에. 그래서 안산에 처음 온 거죠.

면담자   부산에 쭉 계시다가 서울에 올라오신 이유는 뭔가요?

성호 아빠   휴학을 하고 돈을 좀 벌어야겠다고 생각하고 올라왔었어요. 그것도 마음대로 잘 안 되더라고요. 서울에 올라와서 뭐 이것저것 다 하고. 그, 컴퓨터 쪽에 제가 좀 많이 배웠어요. 그래서 프로그램 짜는 걸로 프리랜서도 좀 하고, 그런 와중에 집사람 만나 가지고.

면담자   결혼과 함께 이제.

성호 아빠   결혼은 좀 늦게 했어요. 동거를 시작했죠.

면담자   아, 그럼 먼저 만나서 안산에 정착을 하셨고요.

성호 아빠   네, 안산에서 살림을 시작했죠. 부모님 인사는 다 드리고 안산에서 살림 시작하고, 결혼식을 조그맣게 했죠.

면담자   안산에 정착해서 무슨 일을 하셨어요?

성호 아빠   음, [처음에는] 컴퓨터 학원 강사였었고, 다음에 어떤 일반적인 회사, 아 피혁 회사구나, 가죽 만드는 회사의 총무 일을 봤었어요. 사무실의 총무 일을 봤었고, 좀 있다가 생산관리 파트를 좀 하다가, 그다음에 안산에 그, 알루미늄 관련해서 재생업을 하는 회사에 들어갔죠. 생산관리로 들어갔었고. 거기서 계속 다니다가 2001년도에 들어갔나? 그 금속 알루미늄 하는 데는? 거기 들어갔고. 그 회사가 다른 지방에 공장을 쭉 지었어요. 영주에 공장 지어서 영주에 가서 같이 했고, 그다음에 순천에 공장 짓는 것도 같이 했고, 해외 공장을 두 개는 더 지었는데 거기도 가서 공장 짓고 그랬죠. 공돌이죠 공돌이, 쉽게 말해서. 그렇게 했고, 영주 공장에서부터 공장장이 됐고, 그다음에 인도네시아 공장 짓고, 참사 직전에는 말레이시아 공장에 공장장으로 가 있었죠. 그런 중에 애들 소식 듣고.

면담자　　　그럼 해외에 거주하신 기간이 꽤 길었겠어요.

성호 아빠　　출장을 많이 갔고요. 말레이시아 같은 경우는 한 7개월? 6개월 고 정도 가 있는 상간에 소식을 듣고 다시 들어온 거예요.

면담자　　　아버님이 해외에 많이 오가는 일을 하시다 보니 원래 제가 준비한….

성호 아빠　　뭐 출장이 되게 그때 많았어요.

면담자　　　그러니까요. 준비한 질문이랑 조금 차이가 있는데.

성호 아빠　　영어로 질문하나요?

면담자　　　(웃음) 아니요. 저희가 보통 4·16 참사가 있기 전에 아이와 보낸 시간 같은 일상에 대해 여쭤보거든요.

성호 아빠   그런 일상은 2013년도에 가지고 있던 기억밖에 없죠. 2013년도 같은 경우는 순천 공장에 있었거든요. 2013년도 여름까지. 가을에 말레이시아 갔으니까. 그때까지는 아들 성호하고 집사람하고 순천에 와서 살았어요. 1학년, 그 단원고 1학년 중에 [순천에 있는 학교로] 전학을 시켰어요. 그래서 1학년 2학기를 순천에서 보냈어요, 성호가.

그런데 가을에 말레이시아 가라고 회사에서 발령이 나와가지고. 안산에서 계속 지내던 식구들, 성호랑 집사람이랑 있었고, 그런데 제가 순천으로 불러서 같이 살자고 순천에서 이렇게 살림을 차렸었는데, 또 해외 발령이 나와버리니까 순천에 그냥 두기가 좀 난감한 상태였고. 그래서 "어떻게 할래?"라고 물으니까 당연히 돌아가겠다고 그러죠. 그렇게 해서 다시 단원고로 전학이 됐죠. 1년 안에 돌아갈 경우에는 다니던 학교로 들어갈 수 있다고 하더라고요. 그래서 단원고로 다시 들어갔죠. 성호 입장에서는 친구들이 다 있고 어릴 때부터 계속 자라온 친구들이라 "단원고[로] 다시 당연히 가겠다"라고 했고.

그래서 단원고로 전학하는 걸로 결정하고 전세방 구해놓고. 아, 아니구나. 말레이시아 갔다가 집사람이 [안산에] 전세방 구해가지고 2013년 겨울에, 12월 말쯤에 한국 왔다가 전세 계약해 주고 그다음에 다시 난 나갔죠. 하루나 이틀 들어왔다가 다시 나가버리고, 집사람이 1월 달에 안산으로 이사하고 단원고로 복귀한 그런 케이스[경우]죠, 제가.

성호 아빠 최경덕

면담자　　　　말레이시아로 가시기 전에 함께 살았을 때 이야기를 좀 해주실 수 있으실까요?

성호 아빠　　　출근하고 퇴근하고요. 퇴근하면….

면담자　　　　저녁에요?

성호 아빠　　　퇴근하죠, 퇴근하는데. 제가 열심히 일을 하는 사람, 그런 케이스예요. 뭐 더 있지 말라고 해도 더 있고. 그게 열심히 사는 건 줄 알았으니까 그렇게 하고. 대신 열심히 일한 만큼 주말은 재밌게 보내겠다는 생각을 가지고 많이 끌고 다녔죠. 주말 되면 나가자고 막 보채는 그런 아빠였어요, 제가. 어디든 가자. 바닷가 데리고 가고 산에도 가고 강가에 텐트 들고 가고 뭐, 그런 아빠였죠. 조금 피곤했을 거야 아마, 성호 입장에서.

면담자　　　　좋지 않았을까요?

성호 아빠　　　모르겠어요.

면담자　　　　아빠랑 주말에 여행하면 좋았을 것 같아요.

성호 아빠　　　주말이 아까웠어요, 사실. 월요일부터 금요일까지 그냥 일하는 데 너무 집중해서 다른 건 잘 안 돌보는 그런 사람이었고. 그래서 주말 되면 아침부터 막 가족들 들볶죠. 나가자, 나가야 된다. 순천 쪽에 가까운 곳에는 다 갔다 왔고요. 진주 유등축제도 성호랑 보러 갔었고, 많이 다녔어요. 여수 가서 바다에서 낚시도 하고.

면담자   추억을 많이 만드셨네요.

성호 아빠   여수 가서 성호가 핸드폰을 바다에 수장시켰죠. 물가에서 폰질 하다가 빠뜨렸고. 그게 성호 첫 폰이었는데. 그래서 중고 폰을 사줬어요. "니가 잃어버렸으니 니가 책임을 져라. 중고폰을 가져라" 그리고 중고폰을 사줬는데, 새 폰을 사들고 수학여행을 갔죠. 그거는 진도 앞바다에 지금 수장이 돼 있죠. 성호가 가지고 있던 폰들이 다 수장됐어요.

면담자   성호랑 만든 추억 중에서 가장 기억에 남는 일은 뭘까요?

성호 아빠   음, 여수에서 앞바다에 같이 낚시 갔던 거? 낚시를 그렇게 가르치고 싶어 가지고, 제가 낚시를 늦게 배워서. '낚시를 같이 하면 좋겠다' 해가지고 '커서도 나랑 같이 낚시 다니면 되게 좋겠다'란 생각으로 많이 낚시를 이렇게 가르치려고 시도를 했었어요. 여수에 같이 가서 지겨워 죽겠다고 집에 가자고 그러는데, 제가 억지로 "야! 더 있어야 돼" 그랬던 기억도 나고.

면담자   낚시가 초반에는 좀 지루하죠.

성호 아빠   재미없죠. 큰 고기를 잡기 전까지는 재미가 없어요. 약간 추울 때 거기서 좀 고생했던 것도 기억나고. 2013년 여름에는 어디더라, 구례 쪽인가? 그 무슨 강이죠, 거기가? 영산강인가? 전남을 흐르는 강이 무슨 강이에요?

면담자　　　제가 지리에 약해서.

성호 아빠　　　그 하여튼 그쪽. 화개장터 근처를, 그 강[섬진강] 근처에 가서 여름에 텐트 치고, 고기도 막 잡고, 라면 끓여 먹었는데 어찌나 덥던지 땀 뻘뻘 흘리면서 라면 먹었던 기억? 오다가 또 차가 모래밭에 빠져가지고 레커차 불러서 끄집어냈던 기억, 그런 것들. 같이 고생하고 막 이렇게 하면서 힘들었고 재밌었고 그런 기억들이 생각나죠.

면담자　　　아무래도 아들이다 보니까 같이 고생한 추억이 떠오르시나 봐요.

성호 아빠　　　아빠들은 그 정도 나이의 아들에게 바라는 게 뭐 공부 잘해라 이런 것도 있겠지만, 얘가 좀 활동적으로 좀 바깥생활을 하는 데 재미가 좀 있었으면 하는 그런 바람이 좀 있었어요. 성호가 식사를 아주 잘하거나 그런 스타일이 아니라 조금 먹고 내성적이고 정적인 성격이라, 좀 외향적으로 애가 움직였으면 하는 바람이 있었어요. 그래서 가급적이면 많이 데리고 다녔는데. 고1, 고2라는 게 항상 자기 세계가 많고, '엄마 아빠는 몰라' 이런 성향이 좀 있는 때라서 많이 아쉬웠죠. 그때⋯ 그런 것들이 좀 기억나네요.

4
교육관, 아이의 진로

면담자　　　성호가 외동아들이다 보니까 좀 엄하게 키우셨다고 들었는데, 중요하게 여긴 양육관이나 교육관이 있을까요?

성호 아빠　　양육관이나 교육관이요?

면담자　　　네. 그러니까 어떻게 자랐으면 좋겠다, 어떤 사람이 됐으면 좋겠다 하는 생각이나 중요하게 여긴 가치라고 할까요?

성호 아빠　　일단 가치를 가지고 가르쳤다, 키웠다라기보다는, 그냥 커가면서, 아까 말했듯이 내성적인 성격이 있어 가지고 '조금 외향적이었으면 좋겠다'라는 것이 있었고요. 음, '밥을 아주 맛있게 먹었으면 좋겠다', 음식을 보고 강력하게 대쉬하는[대시하는] 그런 것들이 보고 싶었어요. 밥상머리에서 제가 많이 혼을 냈죠. "너는 왜 밥을 이렇게 깨작깨작 먹냐, 후딱 먹고 놀아라, 왜 그 조그마한 밥을 이렇게 긴 시간 동안 말도 하지 않으면서 조용조용 먹고 이렇게 내가 힘이 빠진다, 네가 밥 먹는 걸 보면 내가 밥이 맛이 없다, 좀 신나게 먹어주면 안 되겠냐" 그런 걸로 많이 혼냈고.

어… 성호가 그 나이 때 하고 싶었던 여러 가지, 뭐 미래에 대한 그런 것들이 있잖아요. 음… 그 국문학과를 가겠다라는 의견이 있었는데 "가지 마라. 남자는 엔지니어가 되어야 한다" 뭐 그런 이야기도 했었고. "국어선생님이 되겠다는 이게 꿈은 좋지만 참 매력

없는 거 아니냐", 제 생각을 좀 많이 강요했었죠. 약간 흔들리기도 했었는데 그래도 안 버리더라고요, 그 꿈을. 국문학과 가서 선생님이 되겠다라는 생각이 있었고요. 음, 심리학과를 가겠다는 생각이 있었고. 그런 생각을 가지고 있었어요. 내가 무작정 '엔지니어가 되어라' 이런 게 제 바람이어서만 그런 게 아니고, 어릴 때부터 그런 거를 성호가 좋아라 했었어요. 만들기나 로봇 동아리 같은 거. 초등학생인데도 땜질해서 부품을 만들기도 하고, 뭐 그런 거를 좀 봐왔었거든요. 그런 손재주가 있는 거 같아서 그쪽이 좋지 않겠느냐 생각을 했었는데, 조금 지나면서 제가 그런 쪽으로 이렇게 굳어버린 거였죠. '저거 하면 되겠다' 그래서 강요를 많이 했었죠.

면담자   성호가 책도 많이 읽고, 피아노도 잘 치고, 다재다능했다고 그러더라고요.

성호 아빠   책은 많이 읽었어요. 지금도 변하지 않는 생각인데, 자식한테 책을 많이 읽게 하고 싶으면 애기 때 부모가 책 읽는 걸 많이 보여주면 돼요. 책을 읽는 척이라도 해서 이렇게 보여주면 책 가지고 놀거든요. 책은 많이 읽었어요. 상당히 많은 책을 읽고, 참 많은 책을 아이들 주고. 중학교 2~3학년부터는 그, 뭐라고 그래야 되죠? 최근에 쓰여진 소설들 있잖아요?

면담자   현대 소설이요?

성호 아빠   현대 소설이라고 그러나요?

면담자　　　네.

성호 아빠　　　전 뭐, 고전에 더 익숙한 사람이니까. 그런 소설들을 사 보더라고요. 책장에 수북이 막 쌓이더라고. 나중에 정리할 때 보니까 그것만 몇 박스 되더라고요. 많은 책을 정리하고, 또 볼 만한 책들은 기부를 했죠.

면담자　　　네, 간디학교에 기부하셨다고 들었어요.

성호 아빠　　　예예, 대안학교에 기부를 많이 했는데. 그때 몇 박스 보냈던 것 같아. 10박스 보내고 또 남아가지고 좀 있고. 음, 책 좋아했었어요, 애가. 그리고 서점 가는 걸 좋아했었으니까. 책 사는 건 부모들이 안 아끼잖아요? 애가 책 보겠다는데. '봐라' 그러면 만화책도 사고 소설도 사는데, 전체 비중을 따져보면 만화책보다 소설책이 더 많았던 거 같아요.

면담자　　　정말 책을 좋아했나 봐요.

성호 아빠　　　국문학과라는 그 미래에 대한 계획 같은 걸 했었던 것 같기도 하고.

면담자　　　소신이 확실했던 모양이에요. 책상에 "심리학 개론 독파", "내신 향상", "건강 유지"처럼 구체적인 계획이 적혀 있더라고요. 아버님께서 어떤 계획을 세울 때 그런 모습을 보여줘서 성호도 닮아간 게 아닐까요?

성호 아빠　　　남자가 30살, 40살 넘고 자식이 있고 이렇게 보면 내가 못했던 거를 바라잖아요. '내가 어떤 생활을 하면서 가지고 있었던 생활 방식이나 처리 방식들이 좀 [아이에게] 갔으면 좋겠다. 스스로 판단하는데 나는 이런 단점도 있지만, 이렇게 하니까 훨씬 시행착오가 줄더라'라는 생각들을 좀 가지게 되잖아요. 그걸 자식들한테 물려주고 싶어서 '요런 거는 네가 이렇게 하면 되지 않겠니? 이건 좀 이렇게 하라니까? 이렇게 하면 네가 훨씬 더 쉬워져' 이렇게 권하잖아요. 그래서 그런 것들을 조금… 지시를 했죠. '야, 이건 이렇게 하면 제일 빠른 방법이야' 이렇게. 나름 자식들의 시행착오를 줄여주고 싶은 생각도 있고, 나쁜 권유를 한 건 아니니까. 네, 그렇게 많이 했었죠.

면담자   제가 성호를 키우시는 데 양육관이나 가치관에 대해 질문을 드렸는데요. 성호가 자랄 때 입시나 이런 부분에도 아버님이 관심 있게 지켜보셨을 텐데요.

성호 아빠   1학년에서 2학년 올라갈 때 문과, 이과를 결정하는 거잖아요. 나는 이과를 주장했고, 결국 문과를 선택했어요. 그 결정을 하고 나서는 아무런 제재를 하지 않았어요. "그 안에서 네가 열심히 해라".

면담자   입시에 대한 정보나 세상 돌아가는 정보는 주로 어디를 참고하셨는지 여쭤봐도 될까요? 꼭 학교에 관련된 게 아니라도 시사 정보는 참고하시는 매체가 있었나요?

성호 아빠   제가 얻었던 경로요? 저도 독서를 좀 많이 했어요.

제가 읽었던 대부분의 책들은 중학교 이전에 다 읽은 책이에요. 상당히 많이 읽었어요. 책들을 많이 봤고. 그다음에 [대학에] 올라와서는 전공 서적이나 전문 서적만 보면 되잖아요. 그렇게 많이 읽었었고, 저도 책 사는 거 좋아하니까 책방 가는 거 좋아하고. 나머지는 살아오면서 존경하는 인물들한테 배우잖아요. 저렇게 사는 것이 좋아 보인다, 나도 저렇게 살면 어떨까? 뭐 나름 이상향을 만들잖아요. 내가 어떻게 생활하면 좋을지 기대치를 가지고 있는, 두 명이나 세 명에 대해서 그들의 장점을 흡수하는 거죠, 내 단점을 줄이고. 좀 맹목적이었네요, 보니까. '저게 좋아 보인다' 그러면 따라 할라고 애를 썼으니까. 거기다가 내 개인의 노력도 좀 들어가서 더 열심히 하는 거죠. 그 주어진 범위 안에서 열심히 하는 거고, 정보를 어디에서 받았느냐?

면담자　　　네.

성호 아빠　　　웹 서핑? 책이나 웹 서핑? 컴퓨터 좋아하니까. 그런 것들 많이 했던 거 같아요. 필요한 부분이 생기면 또 그 부분에 대해서 공부를 하잖아요. 예를 들어서, 갑자기 뭐 내가 냉장고 회사에 취직했다[고 하면], 그 냉장고에 대해서 원리나 디자인이나 색상이나 사람들의 기호나 어디에서 어떤 소비층이 있는지 궁금한 게 생기잖아요. 그럼 그걸 공부하잖아요. 뭐, 계속 배워야 되는 게 사람이고 그러지 않으면 정체되거나 후퇴하는 거니까. 제가 '가만히 있는 것은 퇴보다'라는 생각을 가지고 있어요. 어떤 욕구나 필요가 생기면 계속 공부해야죠. 그러지 않으면 대화나 생활이나 이런 것들이 안 되잖아요. 음, 그런 거죠 뭐.

면담자   아버님이 본받고 싶은 사람은 누구예요?

성호 아빠   저요?

면담자   네, 가치관이라든가.

성호 아빠   제가 생각하는 이상적인 사람?

면담자   네, 4·16 이전에 어떤 사람처럼 되고 싶었다거나.

성호 아빠   아, 참 어려운 질문이네.

면담자   아버님 가치관 형성에 도움을 준 사람이 있나 궁금해서요.

성호 아빠   훌륭한 사업가가 있었어요. 그 사람처럼 되고 싶다라고 생각했었고. 마땅히 누구를 찍으라고 그러면, 여러 개가 이렇게 믹스[혼합]돼서 만들어진 거기 때문에 [말하기가 쉽지 않네요].

면담자   어떤 사람을 보면 누구든지 존경할 만한 부분이 있단 말씀인가요?

성호 아빠   누구의 어떤 점.

면담자   네, 그런 부분이라면…?

성호 아빠   네, 누구의 메모 잘하는 습관, 누구의 계획 잘하는 습관, 누구의 회의를 진행하는 방식, 이런 것들이 다 본받고 싶어서 믹스돼서 제가 거기로[이상형으로] 가는 거니까 누구를 딱 찍으라고 그래 버리면 [대답하기가 쉽지 않죠. 사람들은] 장점과 단점을 다 가지고 있잖아요. '저 사람은 저건[A는] 정말 훌륭한데, B라는 부분은 고쳐야 돼' 그러니까 누구를 본받으려고 노력했다기보다는 그 사람의 요 점, 이 사람의 이 점, 그런 것들이었던 것 같아요.

면담자　　　본받더라도 그럼 한 사람에 치우치지 않고, 인터넷이나 회사생활을 통해 알게 됐더라도.

성호 아빠　　　네, 특정 인물이 나오게 된다면 그 사람에 대해서 장점들이 보이잖아요. '가져보자, 나도 저러면 좋겠다', 누구나 그런 식으로 사고관이나 가치관? 뭐 그런 것들이 만들어지는 게 아닌가 생각을 해요. 누군가를 딱 찍어서 '아, 저렇게 되고 싶다'라고 생각해본 적은 없는 거 같아요.

　　어릴 적의 꿈은, 남자는 다 비슷할 거예요. 대통령이나 아인슈타인, 과학자가 되고 싶어 하다가, 조금 지나고 음… 대학교 정도가 되면 '돈 많이 버는 사람이 되었음 좋겠다' 이런 생각을 하다가, 결혼하고 5년 이상 지나게 되면 훌륭한 아빠가 되는 게 꿈이 돼요. 그리고 애들이 막 20살, 30살 되고 이렇게 막 커지면 '나쁜 아빠는 되지 말아야 되겠다'(웃음), [그렇게] 꿈이 점점 작아지는 걸 느껴요, 누구나, 사람이. 왜냐면 우린 누구나 대통령이 꿈이었기 때문에, 아인슈타인이 꿈이었기 때문에. 그런데 자라면서 성인이 되고 부모가 되고 애가 커가고 이런 걸 느끼면서, 내 꿈은 점점 작아지고 축소가 되고 결국은 '좋은 아빠, 훌륭한 아빠가 됐으면 좋겠다[가 되는 거죠]'. '나중에 저놈이, 내 아이가 나에 대해서 장점을 많이 찾아주는 그런 대상이었으면 좋겠다'라는 그런 생각으로. (촬영자를 보며) 누구나 바뀌지 않나요?

5
정치에 대한 생각

면담자　　아버님, 투표는 매번 하시는 편이었나요?

성호 아빠　　다 해요.

면담자　　한국의 정치 상황을 관심 있게 보셨어요?

성호 아빠　　정치에 대해선 큰 관심은 없고. 예를 들어서 뭐 무슨 당이다, 진보다 보수다라는 것에 대해서 전 개념이 없었어요. 그건 참사 이후에 알았으니까. 관상을 봐요, 저는. 그러니까 관상에 뭐 무슨 살이 좋다, 눈매가 좋다, 이런 게 아니고, 대부분 선거에 그렇게 나오시는 분들이 나이가 좀 되잖아요.

면담자　　그렇죠.

성호 아빠　　가장 편안한 느낌을 주는 사람, 그런 거 안에서 이렇게 많은 결정을 했죠. 정말 정치는 문외한이죠. 그런데 투표는 거의 다 참여했었어요.

면담자   지난 대선 때 누굴 뽑았는지 여쭤봐도 될까요?

성호 아빠   지난 대선이요?

면담자   네.

성호 아빠   박근혜 찍었어요.

면담자   왜 박근혜를 찍으셨어요?

성호 아빠   음, 제 생각인데, 제가 고향이 경상도잖아요. 그 영향이 가장 컸던 거 같아요, 지금 생각해 보면. 지금이라면 물론 당연히 바뀌었겠죠. 당연히 바뀌었겠는데, 그때는 정치라는 개념에 대해서 큰 생각이 없었어요.

면담자   바쁘게 사셨으니까.

성호 아빠   '정치가 내 인생에 큰 영향을 주지 않을 것이다. 많이 바깥쪽에 있는 세상이다. 내가 그들을 선택함으로 인해서 어떤 결과를 초래할지라기보다는 큰 영향을 주지 않을 것이다' 이렇게 생각을 했고, '큰 흐름 속에 누군가 반장 하나를 뽑아놓는 그 정도 수준이다' 이렇게 생각을 했었죠. 잘못된 생각이었죠.

면담자   아무래도 바쁘게 일하시고 그러다 보니까.

성호 아빠   큰 생각은 없었어요.

면담자   관심 있게 보시기 쉽지 않았을 것 같아요.

성호 아빠   네, 그랬던 거 같아요.

면담자   지금은 생각이 많이 달라지셨나요?

성호 아빠   많이 바뀌었죠. 완전히 바뀌었죠. 정치가 이런 것이구나 느꼈죠. 이런 쓰레기 같은 행위들, 정치라는 거구나. 쟤들이 저런 결탁과 협상과 봐주고 눈감아주고 하는 것들을 정치라는 이름으로 하는구나. 환멸을 많이 느낍니다. 그래서 많이 기대를 하지 않아요, 대한민국에 대해서. 요새 제가 자주 하고 다니는 말인데, 기대할 게 없어요. 대한민국 전체에 대해서 기대하지 않아요. 뭐 그게 정치에서부터 그런 것들이 파생돼서 그렇게 느꼈는지 모르겠는데, 제가 많이 환멸을 느껴요, 대한민국에 대해서. 솔직한 답을 말씀드린 거예요.

6
소식 접한 이후 진도에 도착해서까지의 경험

면담자   이제 수학여행 관련해서 좀 여쭤볼게요. 그때 말레이시아에 계셔서 성호랑 직접 수학여행 관련된 이야기는.

성호 아빠   수학여행, 무슨 질문인지 알 것 같으니까.

면담자   네.

성호 아빠   수학여행을 갔다는 사실을 제가 몰랐어요. 수학여행을 간다는 사실조차 몰랐고. 일을 하는 도중에 그, 본국에 있는 영주에 있는 우리 공장 ××가 전화가 왔어요. 저한테 "뉴스를 한번 봐라, 지금 뉴스에 나오는 내용이 성호랑 관련된 거 같다. 큰 사고가 난 것 같다" 그래서 처음 알게 됐어요. 뉴스를 보고 집사람한테 바로 연락을 했죠. 연락을 하니까 집사람이 막 넘어가더라고요, 목소리가. 그래서 "일단 성호한테 제일 가까이 가 있어라" 그렇게 이야기를 하고 조금 기다렸죠. 한 20분, 30분? 20분 정도를 기다렸는데 뉴스에서 큰 변화가 없는 거 같고. 이게 '저기에 성호가 탔다면 구조가 되든 구조가 안 되든 어떻게든 한국으로 가야겠다'는 생각이 들었고요. 그래서 "한국으로 가겠다"라고 요청을 했는데, 그때 구조 오보가 떴죠.

면담자　　　오보가 뜬 거죠.

성호 아빠　　　네, 구조 오보가 떴어요. 그때 모든 직원들이 '참 좋은 일 하고 살라는 뜻인가 보다. 다행이다' 그런 이야기를 했었고. 그러나저러나 한국에는 가야겠다는 생각이 들었는데, 비행기가 없더라고요.

면담자　　　네, 기다리셨다고 들었어요.

성호 아빠　　　밤 11시인가, 12시인가? 말레이시아 시간으로. 그때 밖에 한국 오는 비행 편이 없더라고요. 숙소로 가서 짐 정리하고 가야 되니까 가방 싸고. 시간이 너무 많이 남은 거예요. 그래서 뒹굴뒹굴했죠. 계속 울었지, 뭐. 방법이 없으니까. 저녁 5시쯤 돼서 공항 갔어요. 밤 11시인가 12시 비행기인데. 집에 있는 것도 못 견

성호 아빠 최경덕

디겠더라고, 사람이 막 미칠 것 같아서. 그래서 공항에 가서 또 기다린 거죠. 뜨는 시간은 정해져 있는데, 뭐 어쩔 줄 모르겠으니까 그랬던 거 같아요. 그리고 한 6시간 걸려요, 인천까지. 말레이시아에서 6시간 걸리는데, 비행기 안에서도 계속 그랬던 거 같고. 그때가 아마 제일 고통스러웠던 시간이었던 것 같애. 머리가 막 터질 것 같은 느낌? 그랬었어요. 그렇게 소식을 듣고, 한국으로 향했죠. 17일 점심때쯤에 진도에 제가 들어갔으니까. 반팔 입고 간 사람은 나밖에 없더라고. 옷이, 긴 옷이 없으니까.

면담자 　　　말레이시아는 더우니까요.

성호 아빠 　　　네, 그랬었어요.

면담자 　　　진도에 도착했을 때 어떤 장면이 기억나시는지 여쭤봐도 될까요?

성호 아빠 　　　일단 집사람이 체육관에 있었고요. 체육관으로 갔고, 집사람 보고. 거기 쓰러져 링거 맞고 있더라고요. 음, 가족들도 전부 와 있고. 그리고 사람들이 되게 많았어요. 음, 지옥도라는 말이 있잖아요? 지옥의 그림. 아마 그런 걸 거야. 그게 가장 지옥에 가까운 그림이지 않나. 사람들이 미쳐 날뛰죠. 막 쓰러져 있고, 넘어가고, 악쓰고, 욕하고, 싸우고, 두리번두리번, 어수선하고. 동생이 그때 와 있길래 "어떻게 하면 성호한테 제일 가까이 가냐?" [그러니까] 팽목항으로 가야 된대. 그래서 팽목항 갔다가. 여기 사고 난 갖다자리 어디냐고 하니까 배 타고 나가야 된대. 나가는 편이 있었고요. 가자고, 가야겠다고. 그래서 배 타고 갔었죠.

도착해 보니까 배가 이미 끄트머리만 남았더라고요. 배 타고 들어가면서 물을 만져봤어요, 일부러. 손을 넣어봤는데 물이 이렇게 차갑더라고. '손이 얼 것 같다' 그런 생각을 하고. 그, 해경이 배 띄운 걸로 저 혼자 갔었죠. 고무보트 떠 있고, 주변엔 뭐 어선들 몇 개[척] 있고. 멀리서 "더 이상 접근하면 안 됩니다. 작전에 방해가 됩니다" 뭐 그런 이야길 하더라고요. 그때는 몰랐어요.

그런데 지금 생각해 보면, 배 주변에 떠 있었던 건 고무보트 두 개였어요. 나머지는 거리를 두고 이렇게 떠 있는 어선 같은 그런 그림이었고. 해경도 한두 명 떠 있었던 것 같고. 저기 멀리 보이는데, 더 이상 내가 할 수 있는 게 없더라고요. 뛰어드는 것은 할 수 있었겠구나, 지금 생각해 보면. 내가 더 이상 할 수 있는 게 없는 거예요, 저기 저 배라고 그러는데. 음… 그래서 그때…(한숨) 많이 울었죠, 그때도 많이 힘들었어요. '더 이상 내가 뭔가를 할 수 있는 게 아무것도 없구나'라는 생각이 들어서, 그때가 두 번째 힘들었던 것 같고…. 한 30분 있었나, 거기? 음… 돌아가야 된대요. 계속 여기 계시면 안 되니까, 작전에 방해되니까 돌아가야 된다고. 해경이 그렇게 안내를 했고, 그리고 돌아 나왔죠.

돌아 나오기 전에 주변의 다른 배에서 민간 잠수사가 세 명이 옮겨 탔어요. 제가 탄 배로 옮겨 탔고, 잠수 장비도 옮기고, 사람들을 건너 타고. 그래서 그거 타고 다시 나왔죠. 잠수사[한테] 길 내주며 고맙다고 그렇게 [이야기] 하니까, 자기가 40미터, 50미터 이렇

38

성호 아빠 최경덕

게 잠수가 가능한 사람이고 구조 경험도 많은데 물에 못 들어가게 해서 배만 계속 옮겨 탔대요. 배만 다섯 번인가 여섯 번 옮겨 탔대요. 이 배로 갔다가, 저 배로 갔다가, 잠수를 하러 왔는데.

그때는 또 그게 무슨 상황인지 몰랐어요. 그래도 '뭐 필요가 있으니까 그랬겠지, 그런 지시를 내렸겠지'라고 생각을 했죠. 그런 중에 리더 정도 되시는 분이 그러더라고. "새벽 3시인가 도착을 해서 잠수하겠다고 왔는데 배만 다섯 번, 여섯 번씩 옮겨 타고, 시체가 하나 떠올라서 그거 건지려고 물에 들어간 게 전부다" 그런 이야기를 하더라고. 그거 때문에 물에 한 번 딱 들어가 봤대요, 시신이 보여가지고. 그때도 몰랐어요. 왜 그런 상황이 벌어졌는가도 몰랐어요. 멍한 상태였으니까. 그날 그렇게 돌아왔고, 체육관에 집사람한테 갔죠. 밤이 되니까 사람이 더 미쳐버려요.

원래가 [저는] 체육관[에 주로 있었고], 팽목에는 그렇게 많이 있지는 않았어요. 그다음 날, 18일인가? 시신 나오면서 시신 확인하려고 좀 가 있었던 거, 누구라도 나오면 봐야겠다고 팽목항에 비 맞아가면서 담요 쓰고 있었던 기억들이 좀 나고. 나머지는 체육관에 주로 집사람이 거기 있었으니까, 그렇게 했었는데[거기에 머물렀는데]. 사람들이 이렇게 밤이 되니까 더 미치는 거 같더라고요. 막 격해지고 싸우고, 더 악쓰고 막 쓰러지고, 사방에서 싸우고.

17일, 18일 그때 카메라들이 다 들어와 있었어요, 2층에 다 들어와 있었어요. 상황이 생기면 계속 찍어재끼고, 그런 것도 있었고. 수시로 앞에 누군가 나와서 무슨 이야기를 하고 하는데 전혀

39

1회차

도움 되는 이야기 같지는 않고. 배에 가이드라인을 설치한 후에 들어가야 되니, 뭐 잠수사 비슷한 사람이 와서 브리핑을 짧게 하고 하는데, 어떤 실효성이 있거나 그런 느낌 같지는 않았어요. 그러던 중에 박근혜 왔다 갔지. 제가 체육관 가운데 있었어요. 앞뒤로 가운데, 좌우로 가운데쯤 제가 앉아 있었는데 박근혜가 오니까 사람들이 이렇게 둘러싸고, 수십 명이 박근혜를 둘러싼 상태로 이렇게 들어오더라고. 주변에 있는 사람들이 돌면서 태풍처럼 움직였어요. 제가 딱 비유를 '태풍의 핵'이라고 그랬는데, 태풍의 핵으로 박근혜를 두고 주변 사람들이 빙빙 돌면서 이렇게 군중들을 뚫고 나오더라고.

면담자   경호하는 사람들이요?

성호 아빠   응, 내가 거기 딱 밟히잖아요, 가운데 있었으니까. 막 밀어재끼려다가 악을 썼지. "사람을 왜 밟냐고", "저리 가라"고 악을 썼는데, 그때 알았죠. '아! 체육관에 경호하기 위한 인원이 이렇게 많았구나'. 박근혜가 들어왔을 때는 한 10, 20명 따라 들어왔었는데, 이렇게 돌기 시작하면서 태풍의 핵으로 움직이면서 보니까 100명 조금 모자라지 않나, 인원이 확 늘어나더라고. 약간 짧은 머리에 추리닝 입은 사람들은 다 그쪽의 직원들이지 않았나 [싶어요], 지금 생각에. 그 뒤에 '아! 그랬었구나' 느낄 수 있었어요.

그래도 변화 없고[없이] 19일까지 팽목에 계속 가서 시신 나올 때마다 확인하고. 체육관에도 누군가 나오면 인상착의 이렇게 알려주잖아요. 무슨 옷을 입었고, 무슨 신을 신었고, 몇 살쯤 돼 보이고. 뭐 이런 식으로 이야기하면 보낸 엄마들은 알잖아요. 저게 우리 애 복장이고, 우리 애 같구나라는 걸 알죠. 그렇게 나오면 내 애 같으면 또 이렇게 막… 넘어지고, 이게 제대로 있을 수가 없는 상황이 돼버리니까 "그냥 계속 보면서 팽목에 가 있자"라고 해서 또 팽목에 가 있었죠. 근데 이렇게 잠수 작업이나 해서 누군가가 나오는 시간이 밤 되면 또 안 되고, 뭐 전조기라는 말도 있고. 그게 뭔지도 몰랐는데 그런 말도 나오고. 그래서 왔다 갔다 많이 하고 계속 그 생활의 반복이었죠.

면담자   체육관에서 이상한 일이 있었다거나 하는 상황을 좀 더 구체적으로 설명해 주실 수 있을까요?

성호 아빠   체육관에 있을 때, 창현이가 아마 체육관으로 왔을 거예요. 시신이 밖에 왔다고 그래 가지고 체육관이 한 번 뒤집어진 적이 있었고. 그 시신이 팽목에서 앰불런스를 타면 병원으로 가야 되는데 팽목[에서], 체육관으로 와가지고.

면담자   진도체육관이요?

성호 아빠   진도체육관으로 와서 "밖에 시신 왔다" 이래 가지고, 안에 있는 사람[들이] 다 뒤집어졌었죠. 그런 일 한 번 있었고… 카메라들 위에서 하도 난리 쳐서, 올라가서 한 번 두들겨 깬 거 있고. 찍지 말라는데 왜 찍는 거냐고. 극도의 흥분 상태로 사람들이 막, 거기 안에 있던 사람들이 이렇게 됐다가 누군가가 딱, 어떤 제공만, 기회만[빌미만] 부여가 되면 전부 다 '전쟁을 치를 기세가 됐다' 이렇게 갔다고. 안에 있는 사람들은 막 그런 상황이었거든요. 그런데 그 위에서 카메라들 열심히 그런 장면들을 즐기고 있더라고, 찍으면서. 찍지 말라고 그랬는데 계속 그래서, 올라가서는 내가 깨버렸죠. 그 뒤에 카메라들이 나갔어요. 위에 안 있고 나갔어요. 지금 생각해도 그건 잘했던 거 같아요. 그다음에 19일 날, 이렇게 내 맘대로 날짜를 막 [가도 되는 건가요?]

면담자　　상관없어요. 기억나는 대로 말씀해 주세요.

성호 아빠　　중간중간에는 아까 말씀드린 것처럼 팽목에 가서 시신 확인하는 것[을 했어요]. 시신을 한 40구 정도를 확인했던 거 같아요. 남자라고만 하면 다 확인을 했어요. 할아버지도 나오고, 애도 나오고, 보통 사람도 나오고. 시신을 확인하는 게 힘들었어요. 지금 팽목항에 분향소가 있는 자리가 시신 확인하던 자리였어요. 그건 모르죠?

면담자　　몰랐어요. 분향소는 가봤는데.

성호 아빠　　분향소가 있는 자리가 시신 확인하던 자리예요. 옆에 대기해 가지고 검안하는 의사가 와서 확인하고 검사가 와서 확인하면, 이렇게 쭉 나와서 분향소 근방에서 사람들이 얼굴을 확인할 수 있는 자리였거든요. 향후에는 거기에 잠시 대기도 하고 그랬었는데, 계속 확인하고 왔다 갔다 그렇게 반복이었고. 음, 대통령 와서 뭐라고 그랬는데도 어떤 진척이나 이런 게 없었고. '이런 상황

성호 아빠 최경덕

인데 어떻게 할까요?'라고 묻는 것처럼, 우리한테.

면담자   계획이 없는 것처럼 보였다는 말씀이죠?

성호 아빠   응응, 없는 거 같아요. '이런 상황입니다. 그래서 안
됩니다', '그럼 어떡해? 구해야 할 거 아니냐?' 그러면 '그럼 어떻게
할까요?' 이런 식이었어요. 그 모든 일련의 것들이, 지금 이렇게 보
면 그런 식이었어요. 그래서 '뭐라도 해야 되는 거 아니냐? 이런 게
있다는데' 그러면 '그거 어디 멀리 있어서 안 됩니다', '이런 거라도
해야 되지 않겠냐' [그러면] '그거는 기술적으로 안 됩니다' 이런 식
의 답변들이었어요. 이런 상황이니 이렇게 해야 되고 그래서 뭐 좀
기다리라든지 이런 방식이 아니고, '할 수 있는 게 없습니다. 뭘 할
까요?' 하는 그런 식이었고.

부모들이 17일, 18일 계속 그랬지만 19일 날 밤에 터졌잖아요.
애들은 아무것도 안 하고 있다, 거짓말하고 있다. 그리고 방송에
대해서 신뢰 안 하기 시작했고, 방송이 거짓말하고 있으니까. 대대
적인 수색은 무슨 대대적인 수색이야, 고무보트도 두 대, 세 대 띄
워놓고, 조명탄 한 발 쏴놓고 수천 발 쐈다고 그러고.

그러면서 19일 날 밤에 터졌잖아요. 장관이 와도 소용없고, 가
겠다는데. 거기 있는 버스를 타려고 하니까 버스 기사들이 다 도망
가고 없더라고요. 빼돌렸는지 도망갔는지. 그래서 '걸어가자' 하고
이제 진도대교 밖으로, 진도에서 바깥세상으로 걸어가자. 그래서
19일 날 밤부터 걸어서 20일 그쯤에 진도대교 앞에, 그 도청에서

거기서 경찰이 이렇게 틀어막았죠. 처음으로 경찰들이 막아버린 [거예요]. 거기서 체육관에 남아 있던 누님한테 전화가 왔어요. 성호가 나온 것 같다, 인상착의가 같다. 음, 그래서 성호가 있는 병원에 갔죠. 그게 진도 풀 스토리[전체 이야기]입니다.

면담자　　　그렇군요. 진도에서 유가족 분들이 반별 회의 같은 걸 시작하신 계기가 있나요?

성호 아빠　　　18일인가? 그때 뭐 통제도 안 되고, 이게 누군지도 모르고 그러니까, 저 사람이 경찰인지, 공무원인지, 유가족인지, 거지인지 판단이 안 되니까, 가족들 중에서 그런 이야기가 나왔죠. 우리 반별로 누가 누군지 구별만 한번 해보자. 앞에 와서 떠드는 인간이 뭐 학생 대표라고 그러는데, 저게 학생 대표인지도 모르겠고. 그때 목걸이 만들었죠, 몇 학년 몇 반. 2층이 비었잖아요, 기자들 다 쫓겨 나갔으니까. '1반부터 한번 앉아봅시다' 그래서 이렇게 확인이 된 거예요. 아! 2학년 1반 부모님이구나, 2반 부모님이구나. 그때 확인이 된 거죠. 그렇게 해서 처음 반별로 모인 거고. 아니, 확인이 안 되니까.

　　앞에 있는 사람이 슬퍼 보이기는 하는데 교사인지, 공무원인지, 경찰인지, 프락치인지, 추리닝 복장 이게 뭔지 알 수가 없으니까. 그런 사람 중에서 전체를 도발시키는 발언들이 많이 나왔거든요. '뭐 한다더라' 소리 빽 지르고 그 사람은 없어져 버리고. 음, 가족인 줄 알고 있었는데 보고하고 있고, 그런 것도 있었고. 중간에 잡혀서 전체

가족들 앞에서 "너 누구야?" 마이크 들이대고 "방금 전화한 전화 내놔" 이래 가지고 전화 거니까 공무원이 받고, 그런 일도 있었고. 그래서 우리가 여기 있는 사람들이 누구인지 파악, 확인하기 시작했죠. 그게 아마 반별로 모여보자 한 거 같아요. 그때 반별로 나눴었죠.

7
아이를 만나 장례를 치르기까지

면담자　　　진도대교 가신 20일 날에 성호가 나온 것 같다는 연락을 받았다고 하셨는데, 아이를 만나기까지 아버님의 마음을 여쭤봐도 될까요?

성호 아빠　　　모르겠어요. 음, 머릿속이 완전히, 모르겠어요. 그걸 정의할 순 없을 거 같아요. 네, 지금도 그런 기분으로 돌아갈 순 없을 거 같아요.

면담자　　　너무 힘들었을 거예요.

성호 아빠　　　네, 구해내야 되는데 답은 없고. 터질 것 같은 그런 상황이 계속 이렇게 막 누르고 있었던 거 같아요. 프레스로 사람을 짓누르는 것 같았어요. 그랬어요. 다른 디테일[세부 사항]이 기억이 안 나요, 그 이상. 디테일들이 기억나지 않고… 자원봉사자들이 와서 요 같은 거 나눠준 기억 좀 나고. 왼쪽 앞쪽에서 그 선생님들하고 공무원들 있었고, 경찰들하고 의사들 이렇게 있었던 거 같고.

계속 머리를, 어떻게 이야기해야 되지? 아주 무거운 것으로 막 누르고 있는 거 같았어요, 그런 상태. 그때 혈압을 쟀으면 한 200, 300 나왔을 거야, 아마.

면담자   지금도 혈압은 높으신 편이잖아요.

성호 아빠   그 뒤에 알았죠. 아, 내가 혈압이 높아졌구나. 5월 8일 날, 청와대 앞에 가서 재봤죠. 7일 날 김시곤이 잡으러 KBS 갔다가, 8일 날 청와대 갔다가 몸이 너무 안 좋아 가지고 앉아 있는데, 누가 혈압 한번 재보라고 그래서 재보니까 184인가 나오더라고, 쉬고 있을 때였는데. 그때 알았죠. 아, 내가 혈압이 많이 올라갔었구나, 위험하구나.

면담자   말레이시아에서 귀국 비행기 탈 때부터 상황은 기억하지만, 아버님의 상태는 정리하기 힘드실 거예요.

성호 아빠   내가 멍했어요. 온도도 못 느꼈고, 멍한 상태였어요. 그런데 그냥 편안한 상태로 멍한 게 아니고 혼란스러운, 뭐 그런 상태였던 거 같아요.

면담자   성호를 만난 날에 대해서 자세히 말씀해 주세요.

성호 아빠   20일 날 진도대교 앞에서 연락받고 (한숨) 한국병원인가? 뭐 그런 병원이 있어요. 거기로 간다고 그래서, 그 병원으로 가야 되잖아요, 성호 나왔다니까. 진도대교로 걸어가던 사람 중에 시민이 있었어요. 아이가 나와서 가야 된다고 하니까 자기가 태워주겠대. 그분이 한국병원인가 거기를 태워줬어요. 그런데 진도에도 한국병원이 있고, 그 어디야, 목포? 나와서는 목포였으니까. 목포에도 한국병원이 있고 병원이 두 개 있었던 거야. 진도한국병원으로 가니까 없지. '아, 여기가 아니네'. 그래서 목포한국병원으로 다시 갔어요. 한국병원으로 갔는데, 성호가 아직 도착을 안 했더라고. 그래서 한두 시간 기다렸어요.

두 시간 후에 앰뷸런스가 왔고, 그 영안실 들어가기 전에 확인을 했죠. 2013년 12월 30일 날 보고 그날 처음 본 거예요. 그때 확인을 했죠. 동생이랑 집사람이랑 나랑 있었는데, 나랑 동생이 보고 '맞다' 확인을 했고… 집사람은 또 쓰러져서 링거 맞고. 그런 상태가 됐죠. 성호를 찾았으니 안산으로 가야겠다라는 생각이 들었고. 그런데 전날인가, 시신이 바뀌는 사람도 있었고 그래 가지고 DNA 확인을 한 후에 갈 수 있다고 그러더라고. "내 아들 맞지 않느냐, 내가 가지고 온 이 사진에 있는 내 아들이 맞지 않느냐, 당신이 보니까 다르냐?" 그러니까 맞대. 그런데 안 된대. 하여튼 그래서 그날 밤 11시인가? 그때까지 기다렸어요. 거기서 기다렸는데, 지금 생각해 보면… 시간이 제법 많이 걸렸네요. 점심때쯤에 병원 가서 밤 11시까지니까.

면담자   DNA 확인하느라 오래 걸린 거죠?

성호 아빠   그런데 별로 한 게 없는 거 같애. 안산시청 공무원이 올라가게 되면 장례식장 자리를 잡아주겠다고 그래서 그런 게 좀 있었던 거 같고, DNA 검사한다고 입안에서 이렇게 샘플 채취해 간 게 있었던 거 같고, 그리고는 줄창[계속] 기다렸던 거 같애요. 그때 하도 답답해서 '내 아들이 맞는데 왜 안 주냐, 가야 된다' 우리 회사에 전화를 한번 해본 거 같아요. 애 좀 빨리 데려갈 수 있게 도와달라고 했었던 거 같은데, 뭐 부질없는 짓이었죠. 그리고는 20일 날 밤 11시쯤? 안산으로 앰뷸런스 타고 올라왔죠. 그때 시청 직원이 잡아준 장례식장이 사동에 있는 거였어요. 어딘지 기억이 안 나는데, 거기에 딱 도착을 하니까 차에 있는 전기기계가 다 꺼져버리더라고요, 내비[게이션]도 꺼져버리고. 주변이 공단 같은 그런 곳이고. 집사람이 갑자기 "여기 안 들어갈래. 애 데리고 가" 그래서 다른 장례식장으로 옮겼죠. 짧은 시간에 빨리 알아봐서 옮겼죠. 그게 제일장례식장, 상록구에 있는. 여기 안산 맞죠? 어, 맞구나.

면담자   네, 네.

성호 아빠   상록구에 있는 제일장례식장, 거기로 들어갔죠. 자리가 마침 있어서 거기로 갔었고. 나중에 보니까 성호랑 친했던 다섯 놈들이 그 장례식장에서 다 했더라고. 몰랐어요. 나중에 또 되게 상서롭잖아요. '애들이 다 이렇게 한곳으로 불러 모았구나' 이런 생각이 들어가지고. 나중에는 '아! 그랬나 보다' 이렇게 생각했는데, 그때 다른 장례식장에 갔는데 내비가 꺼져버리고 갑자기 집사람이 '여기 못 가겠다, 여기 안 갈래' 그래서 옮겼는데, 옮긴 곳이 또 애들이 다 왔던 곳이더라고.

성호 아빠 최경덕

면담자   아버님들이 찍은 사진 봤어요.

성호 아빠   그런 게 있나요?

면담자   다섯 명이 똑같이.

성호 아빠   아아, 맞아, 어제 같이 밥 먹었어요. 10명 다 모여가지고. 되게 친해요.

면담자   성호 장례 치를 때까지 다른 일은 없었어요?

성호 아빠   장례 치렀죠. 아는 사람들 오고 학교에서도 왔다 갔어요, 선생님들도 왔다 갔는데. 나중에 들은 이야긴데 2학년 4반 담임, 그때 선생님들 왔을 때 뒤에 따라왔다고 하더라고. 애들이 되게 많이 따랐는데 임시직이었고, 왔다 갔다 하더라고. 내가 담임이었다 이야기했으면 크게 화를 내거나 그러진 않았을 텐데, 그때 짧게 욕 한번 먹었으면 됐을 텐데, 아쉬워요. 2학년 4반 담임에 대해서 아쉬워요. 애들이 되게 많이 따랐다고 그랬는데.

면담자   아마 겁이 났겠죠, 그분도.

성호 아빠   근데 2학년 4반에서는, 이것도 물론 나중에 알게 된 거죠. 그 혁이 폰에 카톡[카카오톡]이 남아 있었잖아요. 강혁이가 핸드폰을 집에 놓고 갔는데, 거기에 반톡이 다 떴어요. 그런데 혁이는 폰을 놓고 간 거지.

면담자   아, 집에 두고 갔어요?

성호 아빠   집에 있는 그 폰에는 2학년 4반 반톡이 다 떴어요. 물속에 있었던 상황이. 거기 보면 담임이 "얘들아, 가만있어라" 그러고 나와버렸거든. 그래서 2학년 4반[유가족]한테 좋은 소식[말을] 들을 순 없죠. 한번 욕을 먹어야지. 그런데 어린 선생이니까, 용서를 하긴 했겠지? 지금 와서는… 그런 일들이 조금 있었어요. 그렇게 해서 올라왔어요(한숨). 20, 21일 날 2시 반? 3시 반? 진도, 목포에서 안산까지 3시간 반밖에 안 걸려요, 앰뷸런스 타니까.

면담자   빨리 달렸겠죠, 아마.

성호 아빠   네, 제일장례식장에 한 2시 반? 음, 영안실에 성호 넣고… 나머지 식구들은 그다음 날 집에 갔다 오게 됐고. 그때 안산 집 처음 가봤죠. 대출은 해주고 갔는데, 내가 집을 직접 보진 않았으니까. 가보니까 '아! 성호가 여기서 살았구나' 그런 생각도 들고, 진짜 집을 조막대기[조막]만 한 걸 얻어놨더라고, 신경질 나게. 좀 큰 거, 좋은 거 얻어 살지. 그랬어요, 거기서 살았더라고. 성호 살림 다 있고… 그랬죠, 뭐. 그리고 장례 치렀죠. 〈비공개〉

면담자   오늘 준비한 질문은 거의 다 마쳤습니다. 아버님이 말씀을 잘해주셔서 빨리 끝났어요.

성호 아빠   나중에, 지금 제가 생각하는 게 있는데요, 내가 직접 좀 적어봐야겠다는 생각을 해요. 그런데 이게 잘 안 돼. '아, 요 부분에 대해선 이렇게 적어야겠다' 생각을 하고 적기 시작하면 두 줄 딱 적으면 막혀버리더라고. 혹시 나중에 이게 글자로 바뀌면 한 벌

주세요. 파일로 주세요, 파일로.

면담자　　　혹시 '아, 내가 이 말을 했어야 하는데 안 했다'고 생각나시는 게 있으면, 2차 구술 때 추가로 말씀해 주셔도 돼요.

성호 아빠　　　안 해도 돼요. 음… 성호 장례 치르고, 장례 이야기만 좀 더 할까요?

면담자　　　네, 네.

성호 아빠　　　21일 날 한 2시 반, 3시경에 도착했잖아요, 제일장례식장. 그러고 집에 갔다가 다시 돌아왔고. 그다음 날 병원 측에서, 아니 장례식장 측에서 "장례를 어떻게 치르실 거예요?" 그러더라고요. 매장, 화장, 수목장 여러 가지 형태가 있잖아요. 우리 집사람이 수목장을 하고 싶다고 그랬어요. "수목장을 해도 되나요?" 그러니까 "수목장 하셔도 됩니다. 교육청에서 다 책임진답니다" 그러더라고요. 그럼 수목장을 어디 할 수 있느냐, 장소가 몇 개 제공이 되면 우리가 가보고 결정을 하겠다라고 하니까 몇 개 장소를 제공했어요, 장례식장 쪽에서. 동생보고 "좀 가보고 제일 따뜻한 데로 찾아봐라" 그래서 동생이 몇 군데를 다녀왔어.

　　수목장을 치르고, 4월 말일인가? 안산에서 가족들이 처음으로 올림픽기념관에 있는 체육관에 모여가지고 이야기도 하고 막 이러다가 와스타디움으로 옮겼어요. 애들이 올라오기 시작해서 인원이 점점 많아지니까. 와스타디움으로 옮겨서 첫 번째인가 두 번째 회의를 하면서 그때 〈비공개〉 "가족 중에는 이 참사를 이용해서, 사고를 이용해서 가족 수목장 묘를 만드는 가족도 있다, 그런 몰상식한 인간들이 있다"고 그러네? 듣고 보니까 내가 애들을, 아들을 수목장한 거는 맞잖아. 내 이야기 같은 거야, 그게. 그 사람 이야기하는 게.

나중에 알았죠. 수목장을 한 가족은 딱 두 가족이 있어요, 그때. 성호랑 또 4반에 있어요. 둘이 수목장을 했어요. 교육청이 장례비를 부담하다 보니까 수목장이 상대적으로 비용이 컸나 봐요. 〈비공개〉 근데 내가 분노를 했던 건, 나한테 처음부터 하지 말아야 될지, 아니면 요만한 사이즈로 할 수 있다든지 그런 안내를 하지, "다 된다"라고 해서 했는데 뒤에 [4·16]가족협의회에다 그렇게 이야기를 해서 전체 앞에서 마녀사냥을 하고 있더라고. 내가 정말 나쁜 짓을 한… 그때 교육청에 장례 담당했던 사람이 유×× 씨예요. 〈비공개〉 그 사람 고발하려고 한다고, 나 더러워서 못 살겠다고, 왜 나를 갑자기 그렇게 하냐고, 그래서 교육청을 한번 들이받았어요. 교육청 직원들이 집으로도 오고, 분향소[정부합동분향소]로도 사과를 하러 왔더라고. "왜 그런 식으로 하냐"고 "사과하라"고. 나한테만 사과하고 간대.

면담자   그럼 안 되죠. 전체 유가족한테 설명을 해야죠.

성호 아빠   전체한테 내용을 다 설명해라. 나는 전체 앞에서 그렇게 매도를 당한 거잖아. 아직도 그러진 않고 있고… 그래서 성호를 수목장에 묻었다가 나는 다시 파냈어요. 나는 그런 수모를 당하고 싶진 않다고 생각해서 성호를 다시 파냈어. 다시 파내가지고 지금 납골당에 데려다 놨어요.

면담자   서호 추모공원이죠?

성호 아빠   서호 추모공원 거기 데려다놨어요. 화가 나더라고. 수목장에 뼈가 그, 납골함에 담겨서 이렇게, 수목장용 함이 납골당 보관용이랑 좀 달라요. 그 함은 수분이 잘 들어가게 밀폐가 안 되는 항아리예요. 성호를 꺼내고 그 서호추모공원에 가서 다시 넣어야 되잖아요. 함을 옮기려고 이렇게 보니까 수분이 들어가서 뼈가 다 젖었더라고. 물에서 희생된 아인데, 물이 홍건하더라고. 그래서 열풍기로 하나하나 다 말렸어요. 붓으로. 계속 말렸어요. 한 3시간을 말리니까 마르더라고. 그런 다음에 옮겼지. 어떤 일이 있더라도 교육청은 혼나야 돼요. 그러면 안 돼요.

면담자   안 되죠. 아버님, 마음고생 많이 하셨어요.

성호 아빠   교육청은 그렇게 좀 혼이 나야 돼, 잘못하고 있어.

면담자   계속 잘못하고 있죠.

성호 아빠   분노가 많이 사그라들었어요, 제가. 음, 분노만 하니까 너무 많이 아파.

면담자   그럼요.

성호 아빠   5월 7일 날 KBS를 갔잖아요, 김시곤이 헛소리해 가지고. 그때 마비가 왔었어요, 제가. 영정을 들고 갔잖아요, 이렇게. 이렇게 들고 갔는데, 이 왼팔이 마비가 왔어요. 아무런 감각과 통

증이나 그런 게 없더라고요. 혈압이 터져가지고. 참… "나 팔이 이 상해. 어, 아무런 느낌도 없어"라고 하니까 주변 사람들이 막 주물러주더라고. 한 5분 지나니까 다시 감각이 돌아오더라고. 그다음 날 청와대 앞에 갔을 때 혈압이 그렇게 됐었고, 그 뒤로도 계속 그 증상이 나왔어요. 내가 이렇게 폭발을 하니까 마비가 와요. 마비가 오는 걸 제가 느낄 수 있어요. 혈압이 오르는 건 모르겠는데 마비가 와. 찌릿찌릿하면서 막 이렇게 올라와, 이렇게. 여기까지 오면 여기가 다 마비되는 거고. 그래서 많은 사람 앞에서 막 흥분을 할 때나 이렇게 되면 소식이 오잖아요, 찌릿찌릿하니까. 한 이 정도 오면 내가 쉬어요. 마비가 와서 이상해져 버리니까. 감각이 없는 팔을 달고 다녀본 적 있어요?

면담자   아니, 없죠.

성호 아빠   뭐 이상해지더라고, 사람이. 걸음걸이부터 이상해지고. 왜냐하면 아예 감각이 없으니까. 이렇게 오면 내가 무조건 쉬어요. 안 그러면 마비가 오니까. 아마 그게 여기까지 오면 사람이 가지 않을까? 자빠지거나.

면담자   그러시면 안 되죠.

성호 아빠   지금은 세 달 안에 마비는 안 됐어요. 참 골병이 들어가지고 힘드네. 마무리하시죠.

면담자   네, 1차 구술 이렇게 마무리하겠습니다. 감사합니다.

2회차

2017년 2월 7일

1 시작 인사말

2 근황, 투쟁과 공동체 활동

3 KBS 항의 방문, 청와대를 향한 도보 시위

4 국정조사 요구 2박 3일 농성

5 특별법 제정 서명운동

6 국회 청원

7 특별법 제정 촉구 활동과 100일 집회

8 범국민대회

9 청운동 농성

10 19박 20일 도보 행진, 아이들 영정 사진과
   함께 한 도보 행진

1
시작 인사말

면담자　　　　본 구술증언은 4·16 사건에 대한 참여자들의 경험과 기억을 기록으로 남김으로써 이후 진상 규명 및 역사 기술에 기여하고자 합니다. 지금부터 최경덕 씨의 증언을 시작하겠습니다. 오늘은 2017년 2월 7일이며, 장소는 안산시 단원구 세승빌라입니다. 면담자는 정수아이며, 촬영자는 김솔입니다.

2
근황, 투쟁과 공동체 활동

면담자　　　　아버님, 1차 구술 이후에 어떻게 지내셨어요?

성호 아빠　　음, 애들한테 한 번 갔다 왔구요. 1차 구술이 언제였죠?

면담자　　　　지난주 화요일이요.

성호 아빠　　2월인가요?

면담자　　　　1월 31일이에요.

성호 아빠　　그럼 집사람 친구 부부가 우리 집에 놀러 왔었고, 그 다음에 목공을 한 번 갔었고, 가족협의회 자료실에 한 세 번 정도 갔었고. 어제도 갔다 왔었고, 어제가 월요일이구나. 일요일도 갔다 왔었고, 뭐 그랬어요. 장훈 [진상규명]분과장 만나서 좀 거들어주겠다 이야기했었고, 그런 정도?

면담자   바쁘셨네요. 오늘 2차 구술에서는 4·16 이후 2년 10개월 가까이 지났는데, 그간 가족 분들의 투쟁과 공동체 활동 경험에 대해 여쭤볼 거예요. 시간이 상당히 흐른 만큼 기억이 안 나는 부분도 많겠지만, 처음에 의도를 설명드렸다시피 구술증언은 기록으로 남기고자 하는 작업이기 때문에 최대한 기억을 살려서 말씀해 주시면 감사하겠습니다.

성호 아빠   음, 네.

면담자   저희 구술팀에서 그간 유가족분들께서 해오신 활동을 시기별로 정리해 봤습니다. 제가 하나씩 이야기하면 그 활동에 참여 여부부터 말씀해 주세요. 2014년 5월 8, 9일 KBS 항의 방문과 청와대를 향한 도보 시위.

성호 아빠   8일 날 갔나요?

면담자   네, 8일에서 9일이요.

성호 아빠   8일 날 가서 KBS 방문하고 거기서 소기의 결과를 얻지 못해서, 청와대로 갔죠. 거기서 날밤 새고 그렇게….

면담자   5월 27일부터 29일 국정조사 요구하며 국회에서 2박 3일 농성.

성호 아빠   네, 거기 갔었죠.

면담자   네, 6월부터 특별법 제정 1000만 서명운동, 거리 서명과 전국 버스 투어.

성호 아빠   그 서명전을 제가 기획했어요.

면담자   7월 12일부터 119일간 특별법 제정 촉구 국회 농성.

성호 아빠   거기는 100퍼센트 다 있지는 못했구요, 갔다 왔다 하는 방식이었고 거의 다 있었죠.

면담자   7월 15일 350만 명 서명지 들고 국회 청원.

성호 아빠   그때 있었죠. 그 포장을 제가 했었죠, 서명지를.

면담자   7월 23, 24일 특별법 제정 촉구를 위한 안산-광화문 도보 행진과 참사 100일 집회.

성호 아빠   걸어갔었고, 100일 때 거기 어디야, 청계광장 거기도 바로 갔었고.

면담자   8월 15일 특별법 제정 촉구 범국민대회.

성호 아빠   교황 왔을 때?

면담자   네.

성호 아빠   네, 그때 교황 뵀어요.

면담자   8월 22일부터 청운동 농성. 이때 특별법 제정 촉구

와 대통령 면담 요구를 하셨죠?

성호 아빠   유민 아빠 죽지 말라고 한 거지, 사실은. 네, 갔었죠.

면담자   76일간 하셨죠. 그리고 2015년으로 넘어가겠습니다. 1월 26일부터 2월 14일까지 20일간 안산에서 팽목항까지 도보 행진.

성호 아빠   네 번 걸었어요.

면담자   안산에서 팽목항까지 네 번이나 걸었어요?

성호 아빠   아니요, 전체 일정 중에서 4일을 같이 했어요.

면담자   아, 4일을 같이 하셨어요. 그럼 4월 4일 1, 2차 삭발식 이후 1박 2일 아이들 영정 사진 들고 광화문까지 도보 행진.

성호 아빠   삭발하고 걸었죠.

면담자   4월 6일 세종시 해수부 항의 방문.

성호 아빠   했죠.

면담자   4월 16일 참사 1주기에 시행령 폐기를 요구하며 광화문 연좌 농성.

성호 아빠   광화문?

면담자   네, 이때 공식 행사는 거부 의사로 취소하고 광화문에서 연좌 농성하셨어요.

성호 아빠   그랬나?

면담자   네, 정부 시행령을 거부한다는 의사 때문에 1주기 공식 행사는 취소하고.

성호 아빠   갔었던 거 같기도 하고. 그게 좀 헷갈린다. 갔나, 안 갔나? 그때.

면담자   그러면 4월 18일 시행령 폐기 집회. 아버님이 3월 30일쯤에 공무 방해 집회라고 연행된 다음에 시행령 폐기 집회가 또 있었어요. 시민 100여 명이 가족 분들과 함께 연행됐는데, 그때 같이 하셨어요?

성호 아빠   음, 따라 두 번인가 제가 들어갔으니까.

면담자   그럼 그때도 역시.

성호 아빠   한 보름 터울[차이] 나죠?

면담자   네, 맞아요.

성호 아빠   그럼 갔었죠.

면담자   5월 1일 시행령 폐기를 위한 1박 2일 철야 농성.

성호 아빠   안국동, 있었어요.

면담자   9월부터 동거차도 감시단 활동, 당연히 가셨겠죠?

성호 아빠   일곱 번 갔어요.

면담자   10월부터 단원고 교실 존치를 위한 교육청 피케팅.

성호 아빠   교육청에 피케팅을 나간 적은 없어요.

면담자   11월 14일 민중총궐기대회. 백남기 어르신이 캡사이신 물대포 맞아서 뇌사에 빠지셨을 때요.

성호 아빠   그때는 안 간 거 같아요.

면담자   네, 2016년으로 넘어가겠습니다. 1월 10일 겨울방학식에서 기억과 약속의 길 행사.

성호 아빠   안 갔어요.

면담자   4월 16일 참사 2주기 기억식과 범국민촛불문화제.

성호 아빠   네, 갔던 거 같고.

면담자   5월 9일 희생 학생 제적처리 원상 복구를 위한 농성.

성호 아빠   농성 전에 교육청하고 회의를 계속 들어갔었죠.

면담자   농성에는 참여하시지 않았고요?

성호 아빠   농성은 어디서 한 거예요?

면담자   교육청 앞에서도 하고 여러 곳이에요.

성호 아빠   안 했던 거 같아요.

면담자   8월 6일부터 12일 동안 4·16기억교실 기록물 정리.

성호 아빠   안 갔어.

성호 아빠 최경덕

면담자	그 외에 2014년부터 전국 간담회 진행했잖아요?
성호 아빠	네, 간담회.
면담자	그리고 매주 금요일 안산 대시민 선전전.
성호 아빠	그 피케팅?
면담자	네, 선부동, 중앙동, 상록수역.
성호 아빠	그 피케팅은 많이 갔어요.
면담자	2014년부터 재판 참관.
성호 아빠	광주 두 번 정도 갔어요.
면담자	2015, 2016년 특조위 청문회 참관.
성호 아빠	특조위 청문회?
면담자	네, 국회 청문회에 참관하셨는지.
성호 아빠	청문회를 내가 갔었나? 직접 가지는 않았어요. 네, 준비하는 과정에 좀 참여했었고.
면담자	네, 해외 지역은 방문하셨어요?
성호 아빠	미국은 못 갔고.
면담자	그때 뉴욕이랑 토론토.
성호 아빠	뉴욕 갔어요, 저는.

면담자　　　뉴욕 가셨을 때.

성호 아빠　　　네, 나중에 별도로 갔었죠. 그 5반의 작은 건우 아빠랑 둘이 가고. 안산시장하고.

면담자　　　네, 그럼 방금 참여했다고 말씀해 주신 활동을 하나하나 짚어보겠습니다.

성호 아빠　　　다 질문할 거예요? 날 새겠네?

면담자　　　네, 오래 지난 일이지만 기억을 좀 되살려 말씀해 주세요.

성호 아빠　　　약간 헷갈리는 것도 있고. 내가 갔었나 이런 것도 있고, 네.

3
KBS 항의 방문, 청와대를 향한 도보 시위

면담자　　　KBS 항의 방문과 청와대를 향한 도보 시위 참여를 결정하는 데 영향을 미친 주원인은 무엇인가요?

성호 아빠　　　뉴스가 발단이죠, 뭐. 김시곤이 교통사고로 죽는 사람이 몇 명인데 앵커들하고 직원들한테 상복 입지 말아라, 뭐 그런 발언이 나와서 그것 때문에 확 뒤집어졌죠. 그래서 항의 방문하자 하고 결정해서 버스 타고 올라갔죠. 영정을 가지고 갔어요, 영정을. 그 분향소에 달려 있는 영정을 내려서 그걸 품고 갔었는데, 그때 있었던 기억나는 거 다 하면 돼요?

면담자   네.

성호 아빠   그런데 경찰차가 앞에 붙었어요. 경찰차가 우리 차의 속도를 조절했어요, 이렇게. 좀 빨리 갈려고 하면 갈지자로 막고. 시간을 벌어주는 어떤 그게 필요했던 거 같아요. KBS 도착했을 때, 뭐 전경 차 이런 차들이 수십 대 있었고, 아마 그들에게 시간을 벌어주기 위해 우리 차를 좀 늦게 만들었나. 앞에서 그냥 시속한 10킬로미터 미만으로 줄이기도 하고, 조금 빨리 가기도 하고 이렇게 인위적으로 막 조절을 하더라고. 그래서 부모님들이 좀 화가났죠. 왜 우리를 가로막아? 이건 막는 거야. 정상적으로 이렇게 뭐커버링 한다고 그러면 일정한 속도로 쭉 가는 거잖아요. 그런데 속도를 인위적으로 막 줄이고, 막기도 하고 그런 것들이 좀 있었어요.

　도착해서 KBS를 가는데 뭐 경찰들 다 둘러싸고 있으니까 뭐 밖에서 이 시위라고 해야 되나? '김시곤이 나와라'라고 했었으니까. 너 나와라, 도대체 뭔 이야기인지 다시 해봐라, 네가 그럴 수 있냐, 네가 사람이냐 그런 식으로 부모님들 많이 그랬었고. 그때 알았어. 아주 급해서 무릎 꿇고 비는 사람도 있었고, 어떻게든 넘어서 들어가겠다고 하신 분도 있었고. 어, KBS 건물 3층? 그 정도 높이에서 몇 놈들이 나와서 우리 쪽을 보면서 웃고 있는 애들이 있어 가지고, 또 거기서 부모님들 흥분하고. 저 새끼 웃고 있다. [우리는] 이러고 있는데 저 새끼 웃고 있다, 그래 가지고 또 울었고. 키득키득 웃더라구요. 지네들끼리 서서 수다 떨면서.

거기서 악쓰다가 처음으로 마비가 왔죠. 그때 손이 마비가 와서 영정을 들고 있는데 감각이 없어져 버렸어요. '영정을 떨어뜨릴 수도 있겠다, 어 왜 손에 감각이 없지?' 그래서 "손이 이상하다, 가 봐야겠다. 마비가 됐다" 그러니까 주변 분들이 좀 주물러줬어요. 누군지 기억은 안 나는데 엄마들하고 해서 한참 주물러줬던 기억이 나고, 그러고 나서 조금 지나니까 또 풀리더라구요. 찌릿찌릿하면서 이렇게 쭉 올라오더라구요. 완전히 다 마비가 됐었는데, 팔이 하나. 그랬던 게 기억나고. 거기서 계속 실갱이를 하고 넘어 들어갈라고 이렇게 몸으로 막 부딪히고 비집고 들어가고 하는 게, 워낙 잘 막아서 못 들어갔어요. 그래서 'KBS가 청와대 지시를 받은 게 아니냐. 대통령한테 가자'라고 해서 거기서 한참 대치하다가, 몇 시간인지는 정확히 기억나지 않아요.

그리고 청와대로 갔죠. 물론 또 경찰차가 앞에서 우리가 탄 차를 속도 조절을 했어요. 청와대 쪽에 준비를 하려면 뭔가가 필요했던 걸로 기억되는데, 아마 그랬을 거예요. 그래서 계속 갔는데 청운동 동사무소[청운동 주민센터] 근처쯤에 바로 내렸나? 아니면 좀 내려서 걸어갔나? 그랬던 거 같고, 그 길은 다 막아놨었어요, 차가 못 다니게. 그리고 청운동 앞쪽에는 바리케이드 쳐놓고 있었고. 그때 청운동에 처음 가봤죠, 저는. 태어나서 처음 가봤고… 그 삼거리, 사거린가? 청운동 앞에 그 사거리죠? 거기서 처음 노숙했죠. 소리 지르고 뭐 앰프 들고 오고. 그때 민변에 권 변호사? 그 변호사님 앞에서 앰프 잡고 있었던 게 기억이 나요.

그리고 날 새고, 몇 명인가가 들어갔다가 나온 걸로 기억을 하는데… 그때 어, 준호 아빠, 수빈이 엄마하고, 가협[유가족대책위원회] 위원장이었던 빛나라 아빠, 그다음에 해화 아빠, 한 대여섯 명 정도가 [청와대에] 들어갔다 왔고. 밖에 대치하고 있었고, 우리는. 들어갔다 오면서 받은 게 그거였지. '끝까지 진상 규명하겠다. 언제든지 찾아와라. 만나주겠다' 그런 몇 개의 약속을 받아가지고 나왔었죠. 그랬던 것 같아요. 밖에서 대치하고 있는 중에 KBS 그 뭐지? 사장인가 뭔가가 와서 앞에서 뭐 사과 발언도 한 걸로 기억이 나요. 정확히 무슨 의민지, 누구였는지 기억은 안 나지만, 사과하는 형식의 말을 전했던 거 같애요. 그래서 돌아왔겠죠. 그때 혈압을 쟀었죠, 제가. 서울대생인가? 대학생들이 나와서 이렇게 대치해주고 그랬는데, 혈압 재고는 "바로 누워야 됩니다. 바로 누우세요" 이래서 바로 누웠죠. 동사무소[주민센터] 2층엔가 가서 좀 누워 있었고, 그랬던 기억이 나요. 그게 단 거 같은데.

| 면담자 | 당시 일을 쭉 말씀해 주셨는데, 어떤 점이 가장 슬프셨나요? |

| 성호 아빠 | 제 마음속에 슬픔의 감정이 지금 남아 있을까요? |

| 면담자 | 아니, 그 사건에 대한 기억에서요. |

| 성호 아빠 | 음, KBS 건물이 이렇게 약간 계단식으로 돼서 3, 4층 |

쯤에 옥외가 일부 있는 그런 방식이었어요. 건물이 이렇게 있으면 조금 높이에 뭐 밖에서 담배도 피울 수 있는 그런 공간이 있고, 건물이 반쯤 나와 있고. 그 공간에서 앞을 쳐다보면서 웃던 애들. 어… '재들 저거 봐라. 하하. 그래, 너네는 뭐' 이러면서 웃는 애들, 그 남자들? 그게 많이 사람을 이렇게 뒤집어놨죠. 그런 게 기억이 나고. 음, 청운동 동사무소[주민센터]에서는… 특별한 건 기억나지 않아요. 그런데 잠[밤]을 길에서 새니까 약간 몽롱한 상태였어요. 그리고 노숙을 그때 처음 해본 거예요. 그 정도? 경찰차가 차를 이렇게 막는 것들, 일부러 못 가게, 부모님들이 분노했는데, 그런 것들이 좀 기억나요. 조금 더 특별나게 기억이 나요. 안 잊어먹을 것 같은 기억들이.

4
국정조사 요구 2박 3일 농성

면담자   네, 5월 27일부터 29일까지 2박 3일 동안 국정조사를 요구하며 국회에서 농성을 하셨어요. 그때 얘기 좀 들려주세요.

성호 아빠   국정조사를 하기 위해서 여야가 국회, 뭐 국회 본회의장에서 국정조사를 시작한다, 땅땅땅땅 때리는 날로 알고 갔어요. 그거 보고 내려올 계획으로 이렇게 갔었는데, 협의가 안 돼서 안 한대요. 그래서 부모님들이 '이거 뭐야, 이거. 이런 걸 밝히는 건

성호 아빠 최경덕

데도 협의를 해야 되나? 이거 뭐야?'라고 해서 그때 농성을 했었죠. 이미 그때 안산에 분향소가 있었죠. 화랑유원지 분향소 꾸며진 후였던 거 같애. 그래서 분향소 나오는 문 쪽으로 저희가 약간의 서명을 받고 있었어요. 서명전이 이미 시작한 상태였고, 올라가서 '왜 안 하지? 빨리 협의하고 조사를 시작해라'라고 농성을 2박 3일 했고. 의원회관 들어가서 제일 큰 강의실, 회의실 같은 데서 저희가 주저앉았었는데, 거기서 제가 이틀을 잤어요.

이틀을 자고. 거기 안에서만 있으면 시간 낭비잖아요. 그냥 막연히 기다리는 거였으니까. 가협 임원들은 또 윗선에 접촉을 하고 이쪽 당이든 저쪽 당이든 만나서 빨리 하라고 이렇게 압박을 하는 상태였고, 나머지 가족들은 낮 시간에 좀 어중간하니까 길거리 서명을 받아보자. 그때 길거리 서명이 아마 처음이었을 거예요, 그 날짜쯤이. 저 같은 경우는 영등포역인가? 그 롯데 있는 데 거기에 우리 반 부모님들하고 다른 반 부모님들하고 이렇게, 한 10명 정도 조인[결합]해서 길거리 서명받았었죠. 처음으로 길거리 서명을 한 게 그날이었을 거예요.

그때 다섯 개인가 여섯 군데로 나눠서 부모님들 흩어져서 서명을 받고, 다시 들어와서 농성하고, 또 나가서 서명받고 그런 방식으로 했었는데, 그게 길거리 서명 첫 번째야. 나중에 '아! 그때 우리가 길거리 서명을 처음으로 받았었구나'라고 생각을 했었죠. 그때 영등포역에서 이렇게 서명을 받았었어요. 그리고 여야 합의가 되고 조사한다는 확답을 듣고 안산으로 돌아왔던 걸로 기억합니다.

면담자　　　　그때 특별하게 기억에 남는 일이라면요?

성호 아빠　　　영등포역 앞에서 그 서명받을 때, 길거리 시민들한테 처음으로 서명을 해달라고 이렇게 부탁을 해야 하는 입장이잖아요. 그때 그걸 하면서 '여기 있는 사람들이 단원고에서 온 부모님들이다. 자식 잃은 부모들이다. 서명을 받아야겠다. 진상 규명을 안 한댄다. 아휴, 여러분들이 좀 힘을 실어달라' 이렇게 호소하는 과정이었는데, 그게 되게 힘들었어요. 처음이어서 그랬던 거 같기도 하고, 많이 힘들었어요. 음, 많이 울었죠, 뭐. 길거리에서.

5
특별법 제정 서명운동

면담자　　　　6월부터 다시 특별법 제정 1000만 서명운동을 하셨어요. 방금 말씀하신 거리 서명이랑 전국 버스 투어요.

성호 아빠　　　세월호국민대책위[세월호참사국민대책회의]라고 그 시민 단체들이 결합을 해서 단체가 만들어졌잖아요? 여러 단체에서 이렇게 파견을 나와서 합쳐진 그런 거였고, 거기에 김×× 씨라고 서명 파트를 맡았어요. 가족 중에는 나하고 경미 아빠, 정인이 아빠. 한 네 명? 다섯 명? 그리고 아, 3반의 정무 아빠. 이렇게 해서 회의를 해서 서명에 대한 스케줄을 짰죠. 이렇게 하자, 저렇게 하자. 전국 서명을 버스 타고 한, 그 이야기죠?

성호 아빠 최경덕

면담자   네.

성호 아빠   그래서 전국 일정도 짜고, 뭐 창원에서 시작하고 팽목에서 시작해서 동쪽과 서쪽에서 이렇게 올라와서 서울에서 만나는 그림도 같이 짰었고요. 반별로 보내는 스케줄도 짰었고, 그렇게 했죠. 그중에 부산도 가고 뭐 대전도 가고, 저도. 그렇게 했던 거 같고. 뭐 그렇게 했었어요.

면담자   그 당시 인상 깊었던 일이라면요?

성호 아빠   많은 분이 오셔서 서명을 해주셨던 게 좋았구요. 아무래도 경상도권이 좀 보수적인 분들도 많고. 서명받고 있으면 와서 이렇게 욕하고, 툭툭 던져버리고 화내시는 분들도 많고. 그랬던 거죠, 뭐. 길거리에서 공격을 많이 받았죠. 물론 서명을 해주시고 호응을 해주시는 분이 더 많았지만, 한 100명이 호응해 주시면 한두 명이 꼭 이상한 소리하고 마음을 후벼 파고 가시고, 그런 것들을 했었죠. 양산에 갔었을 때, 그 노인분이 오셔가지고 저를 후벼 파고 갔죠. "자식 가지고 뭐 하는 거냐" 그런 이야기도 했었고. 부산 지하철역 안에서 몇 군데 다니면서 이렇게 했었는데, 그때도 너무 많이 울었어요, 힘들어서. 평평 울고 있었던 거 같애. 거기 서가지고 피켓 들고 이렇게 평평 울고만 있었던 것 같애. 울고만 있지는 않았다. 호소하고 있었지, 한번. 이를 악물고, 거의 샤우팅이었고, 음… 많이 울었죠. 그 서명전이 끝나고 나서 보니까 한 10킬로그램이 빠졌더라고. 응, 그랬었어요.

면담자   7월 12일부터 119일간 특별법 제정 촉구 국회 농성이 있었죠. 왔다 갔다 하셨다고 한 그때.

성호 아빠   네, 여야가 다 회피를 하는 그런 구조 속에서 가족들이 뭘 할 수 있을까, 계속 압박하자, 그래서 국회 안에 들어갔죠. 국회 안에 들어가서 이렇게 하는데, 나중에 정의화 국회의장은 자기가 특별히 배려해서 그랬다고 하는데 영석이 아빠는 너무 많이 울었죠. 국회 근처 100미터 이내에서는 집회 시위를 못 하게 되어 있었는데, 국회 안에 들어가서 해버렸죠, 그냥. 본회의장 앞쪽에, 그때는 여름이었으니까 모기장을 치고 바닥 깔고 아예 살아버렸죠. 민석이 아빠가 거의 처음부터 끝까지 다 했었어요. 떠나지 않고, 자리를. 나머지 분들 같은 경우는 안산에서 왔다 갔다 그런 방식이었고. 나는 거기서 자고도 했었고, 2, 3일도 개겨봤고, 출퇴근도 해봤고 그렇게 했었고. 100퍼센트는 다 못 있었지만 상당히 많은 시간을 거기에 계속 머물렀죠.

국회에 머무르면서 그, 의원회관? 거기도 많이 들락거렸고. 왜냐면 거기도 방마다 또 서명 돌리고, 나름 블랙리스트를 만들었죠. 누가 서명 안 해주나. 김진태, 이런 애들. 서명 안 해준다고 대놓고 이야기했던 그런 사람들. 김진태가 있었고, 그때 새누리[새누리당] 누구야? 의원 뭐야, 하여튼 대표 같은 거 있잖아요. 나중에 국무총리 됐다가 쫓겨났던 개 누구야? 얼굴 반질반질한 애. 기억도 안 난다. 그, 누구야. 원내 대표였는데, 새누리[새누리당] 나쁜 새끼. 빤히 보이는데 이렇게 이야기하고 있다가 "제가 그런 이야기를 했나요?"

하는 그런 새끼가 있었어요. 그 새누리[새누리당] 의원 대표가, 까먹었다, 하도 존재감이 없는 애라. 지금은 존재감이 없어져 버렸는데, 그때 새누리[새누리당] 원내 대표 그런 거였었어요. 나쁜 새끼. 박영선하고 많이 만나고 그랬었죠, 그 둘이. 이름 뭐야. 왜 기억이 안 날까? 한구, 이한구.

면담자 이한구요?

성호 아빠 네, 이한구. 빤히 보이는 데서 "제가 언제 그랬어요?" 이래버리더라고. 좀 전에 이렇게 이야기해 놓고. 아, 애들은 금방 바뀌는구나. 물론 그 여야 합의 과정에서도 막 바뀌고 이런 것들을 계속 지켜봐 놓으니까 나중에 '쟤들이 그게 직업이구나'라는 걸 알았지만. 그리고 중간중간에 어떤 합의가 나오면 밖에 또 부모님들 모아서 국회 이쪽 계단에 가서도 이야기하고, 이쪽 뒤로 가서도 이야기하고. '이런 이야기를 하고 왔는데, 우리 그 정도는 받을 수 있냐?' 그런 것들 물었었고. '그 부분은 안 된다, 어떻게 그 정도 가지고 되겠느냐?' 뭐 이러면서 군데군데 모여서 이야기를 했었고. 음, 거기서 한동안 지냈었죠. 나중에 박영선이 사인하고 욕 팍 먹으면서 사라지고, 가협 임원들이 허탈해하면서 나올 때까지 계속 거기 있었죠.

합의되면 뭐 우리가 이긴 거였고, 그때 김현 의원이 가족들 사이에 와서 밤마다 소주를 걸쳤죠. 내가 한 세 번 지랄을 했어요. 가족들하고 술 먹지 말라고. 왜 자꾸 술 먹냐고. "당신 특별히 먹지 말라"고 몇 번이나 말했었는데 그 뒤에 사고가 터졌죠. 김병권 씨하고 저 인간이 대리 기사 폭력 사건까지 번지는 일이 생겼는데, 물론 그게 좀 기획이라는 생각을 가지고 있지만. 그때 국회에서 농성할 적에 밤마다 소주를 들고 왔었어요, 김현이. 뭐 자기 냉장고에 김치도 들고 오고 그래서, 약주하시는 분들은 술동무 생겼으니까 나쁘진 않았겠지만, 보기가 싫었어요. 그 술을 먹고 있어 가지고, 밤마다. 그래서 몇 번 쏴버렸었는데, 한 12시간 있다 또 나오고 그러더라고. 가족들하고 밤에, 괴로워하니까 위해주는 부분도 있었는데 난 그게 보기가 별로 안 좋았어요.

국회 본관 거기에, 본회의장 앞에 건물 밖으로 있었잖아요. 내부에 못 들어가고 밖에 있었잖아요. 비둘기가 얼마나 똥을 싸재끼는지. 계속 떨어져요. 슈슈슈숙 떨어져. 저쪽으로 옮기고, 또 떨어지고. 그런 것들이 되게 열악했어요. 그리고 저녁때 되면 거기 온갖 매체의 기자들이 다 들어와 섞여 있었잖아요. 안산시청 직원도 있고, 국회 정보과 애들도 있고, 경호계도 있고, 다 섞여 있으니까. 밤 되면 또 부모님들 괴로워하는 분들 많이 나왔고, 어떤 부모님들 한 서너 분은 미쳤었어요. 악을 쓰고 막 그랬었지. 맨 정신에 그렇게 되더라고. 비명 지르고 막 그랬었어요.

면담자　　네. 거기서 특별히 기억에 남는 일이 있었나요?

성호 아빠　　계속 왔다 갔다 하면서 국회를 막았다, 안 막았다 하는 부분들이 있었어요. 들어오지 마라, 무슨 회의가 있거나 그러면 그렇게 했었는데, 그 사이에서도 의원들 몇 명이 가족들 들어갈 수 있게 편의를 봐줬던 것[이] 기억나고요. 좀 더웠는데 의원회관에 가서 국회 직원들이 사용하는 샤워장을 쓸 때, '아우 좋다' 그런 것들. 거기 직원들이 체력 단련할 수 있는 시설까지 있더라구요. '아! 시설이 상당히 좋구나. 가격이 아주 저렴하구나. 일반 밖에서 식당보다 훨씬 가격이 싸구나'. 거기서 조금 괴리감을 느꼈죠. 여기에서 사는 사람들은 세상 물가가 이 정도만 된다고 생각할까? 이 사람들이 우리랑 전혀 다른, 일반 서민이 체감하는 그 생활과 좀 다르게 받아들일 수 있지 않을까.

거기 상당히 싸요. 국회 안이. 밥값도 싸고 다 싸요. 담뱃값만 똑같고 다 싸더라고. 그런 생각을 좀 해봤어요. '이 사람들이 우리나라가 이 정도 수준이라고, 이 정도 물가라고 생각하고 있을까? 바깥은 훨씬 비싼데…'. 밤에 달 보고 있으면 기분이 이상하고. 그리고 국회의원들이 이렇게 출퇴근을 하면서, 들락거리면서 가족들 손잡고, 악수하고 가기도 하고 막 그랬었는데, 음… 뒤도 안 돌아보는 뭐 쓸데없는 인간들도 생각이 조금 나고, 막 손잡고 열심히 잘하겠다고 들어가서 아무것도 안 하는 사람들도 좀 생각이 나고, 그래요.

아, 그때 ☆☆이 이모가 목에 줄을 매고 죽어버리겠다고 한 적이 있었어요. 본관 가운데 앉아가지고. 본인이 줄을 매고 이렇게 목을 조르면서 건드리면 나 죽어버린다고, ☆☆이 이모, 기억나구요. 뭐 아무도 못 건드렸으니까, ☆☆이 이모. ☆☆이 이몬가? 하여튼 ☆이 이론데. 그때 그랬었던 거 같고. 몸싸움 많이 했고, 그랬죠, 뭐. 국회에 못 들어가게 막아서 담치기도 하고 막 그랬었던 거 같은데, 국회 구석구석 많이 가봤고. 그때쯤에 일반 그, 인천 피해가족 위주로 구성된 일반인피해대책위[세월호참사일반인희생자유가족대책위] 쪽에서 국회 정문관에서 '우리는 이 정도로 합의된 안을 수용한다'라고 기자회견을 하고 그랬었어요. 우리는 정문관에 들어가지도 못했거든? 건물 안으로 못 들어갔으니까요. 새누리[새누리당] 쪽에서 빌려줬겠죠, 정문관에서 기자회견 하라고. 그러니까 우릴 공격하는 거죠. 우리는 이걸로 만족 못 하겠는데, [일반인 피해자들은] '우린 받아들인다, 이걸로 그만 잘되는 걸 원한다, 빨리 정리됐으면 좋겠다'라는 취지로 해서 또 싸움을 붙이는 그런 것도 겪었었고. 많은 일들이 있었어요, 거기서.

6
국회 청원

면담자   7월 15일에 350만 명 서명지 들고 국회 청원 가셨죠?

성호 아빠   그 전날 포장을 했었어요. 우리 서명 팀이 와서 포장을 했었는데 박스가, 지금도 분향소에 가면 화이트보드 왼쪽 상단에 숫자가 적혀 있어요. 숫자 본 적 있어요?

면담자   아, 본 적 있죠.

성호 아빠   큰 화이트보드 왼쪽 위에 내가 적어논 숫자인데, 아무도 안 지웠어. 거기 보면 박스의 숫자와 총 서명의 개수가 지금도 적혀 있어요. 그게 2년 넘도록 그대로. 전달하기 전날 그걸 다 포장했구요. 또 나름 지명도가 있는 사람들이 서명했던 걸 별도의 박스에 모으는 그런 일도 다 했었고. 서명을 한 장이라도, 한 명이라도 더 넣기 위해서 늦게 온 것들 빨리 집계하느라고 애먹었고, 전날 그거 다 포장해 가지고 들고 날랐죠. 국회에 가서 그걸 전달했고.

본회의장 그 앞에다가 이렇게 수북이 쌓고, 한두 박스만 들고 위원장하고 들어가서 국회의장한테 전달하러 갔고. 그때 여야 원내 대표들, 그거 보는 자리에서 "알았다. 열심히 하겠다. 근데 이건 가져가서라" 그러더라고, 그 서명을. 어휴! 성질나. 그래서 그걸 되가지고 왔던 기억이 나요. 그때 수북이 쌓았을 때는 카메라 플래시 터지고 막 이래서 '이 서명으로 뭔가 하겠다. 진상 규명을 할 수 있는 뭔가가 되겠다'라는 생각으로 가서 이렇게 놓고 전달을 했는데, 막상 그때 들은 답은 그거였어요. "예, 알겠습니다. 열심히 할게요. 저희 보관할 데 없어 그러니까 가져가시면 안 되냐". 많이 허탈했어요, 그때. 서명을 더 받아야 되나 생각이 들 정도로 좀 멍해졌어요. 모든 부모님들이 그 고생을 하고 전국에서 이렇게 애써주셨는데, '알았어요, 열심히 할게요' 이 정도 수준의 답을 받았어요. 난 그때 많이 실망했어요, 사실. 그래서 다시 가져와서 지금은 분향소에 있죠. 한쪽에 차곡차곡 올려놨잖아. 캐비닛에 넣고, 또 올리고 그렇게 쌓았는데….

면담자　　　서명 전달 과정에서 특별한 일은 없었나요?

성호 아빠　　　그걸 전달하러 가는 과정에서 여의도공원을 거쳐서 이렇게 갔었어요. 그때 4반의 슬라바 동생한테 "작은 박스를 들고 네가 앞장서라" 이렇게 했었는데, 슬라바 동생은… 어성태가 슬라바 아빠 이름이고, 슬라바 동생, 갸 이름을 까먹었네. ○○이, 어○○이. 미스타 어예요. 어○○이가 이렇게 조그만 박스를 들고 앞에 섰어요. "형아, 보고 있지?" 이렇게 해가지고. 그거 기억이 나요. 어○○이. 아, 모든 카메라를 한군데 몰아보자, 어떻게 하면 될까? 그래서 ○○이한테 "○○아, 네가 들어라" 그렇게 했었던 거 같고.

　　○○이가 들었던 그 박스 안에 그때 세월호 진상 규명에 정치 생명을 걸겠다고 했던 국회의원들의 서명이 거기 다 들어가 있었어요. 나름 유명인들, 거기에 다 들어 있었어요. 그 박스는 어떻게 보면 그때 서명했던 게 여야 다 합쳐가지고 한 30, 40명만 빼고는 다 받았었었거든요? 국회의원들 모두한테? 그런데 서명과 당론은 별개라는 걸 그때 알았고, 당론은 누가 결정하는 건지, 제일 윗선 한두 명 차원에서 결정하는 건지 모르겠지만 "최선을 다하겠다. 뭐든지 다 하겠다"라고 했던 그 사람들이 나중에는 "그러나 당론을 따라야 한다" 그랬던 게 기억이 나요.

특별법 제정 촉구 활동과 100일 집회

면담자   7월 23, 24일 특별법 제정 촉구를 위한 안산에서 광화문 도보 행진과 참사 100일 집회에 관해서 말씀 부탁드려요.

성호 아빠   국회에 있는 도중에 일어난 거죠? 그랬던 거 같은데?

면담자   네, 국회 농성이 119일간 계속됐으니까요.

성호 아빠   응, 집사람이 그때 국회에서 단식하고 있었어요. 국회에 계속 있었는데 도보 [행진]한다고 그래서 "안산 갔다가 다시 걸어올게" 하고 내려갔던 거였고요. 갔다 걸어갔죠, 뭐. 사람들을 '같이 가자' 이렇게 몰고 간 그런 느낌이었는데? 국회까지 걸어갔을 때, 굶고 있는 마누라가 밖으로 나와서 이렇게 어서 오라고 그랬을 때 짠했었고. 그랬다가 다시 광화문으로 걸어갔죠. 그때는 광화문 대로에 모이지 않고 옆에 청계광장 쪽에 모였어요. 사람들 많이 모였었고, 서명을 이만큼 받았다 뭐 그런 이야기도 하고. 그날 내가 아마 발언을 했을 거예요, 청계광장에서. 그랬던 거 같은데?

면담자   도보 행진에서는 특별히 기억에 남는 일이 없었나요?

성호 아빠   저는 별 기억 없어요, 응. 계속 사람이 늘어가고 있는 걸, 또 준비한 쪽에서 그걸 약간 연출했더라고. 안산, 서울역 도착하니까 이만큼 왕창 결합하고, 또 조금 가면 시청 앞에서 엄청 결합하고, 그런 것들을 약간 기획을 했더라고요. 그런 게 기억나고. 청계광장까지 갔을 때는 [사람들이] 쫙 있는데, 끝이 안 보이더라고. 청계광장에서 발언하고 이렇게 내려오니까, 내가 89학번이거든요? 1990년도에 학교에서 집회가 있어서, 대학교 시절에 집회를 하니까 그때 초청 강사로 오셨던 분이 백기완 씨에요. 그때 백기완 씨 강의를 듣고 '아!' 이렇게 감명을 받았던 기억이 나는데, 청계광장에서 발언을 하고 내려오니까 내 바로 뒷자리에 백기완 선생님이 앉아 계시더라고. 내 이야기를 듣고 계셨던 거야.

　그날인가, 그다음 날인가? 백기완 선생이 저 아빠 좀 보고 싶다고 그랬던 이야기를 다른 사람 통해서 들었어요. 그렇다고 내가 왜 보러 가. 뵈러 안 갔는데, 그런 거에서 뭐랄까… 변해버린 내 모습인가? 뭐 하여튼, 세상이 변했구나. 예전에 운동장 한쪽에서 그 사람 이야기를 듣고 감명을 받았던 나였는데, 약 20년이 흐른 후에, 20년 더 흘렀구나, 약 25년이 흐른 후에 '내가 군중들에게 울부짖는 걸 저 사람이 군중 속에서 내 말을 듣고 있구나' 이런 생각이 들었어요. 나중에 기분이 좀 이상했어요. 그때 군중들 앞에서, 만 명이 넘는 사람들 앞에서 처음 울었네. 그날은 그랬던 거 같아요. 그때 동영상, 그 나중에 간담회 할 때 많이 써먹었더라구요, 사람들이.

면담자　　　아버님 영상이 많더라고요.

성호 아빠　　　어느 엄마도 그 영상을 보고 나한테 원래 가지고 있던 오해가 없어졌다고 성호 아빠 고맙다고 많이 했었고. 또 하라면 못 해, 절대로 못 해.

성호 아빠 최경덕

8
범국민대회

면담자   8월 15일에 특별법 제정 촉구 범국민대회가 있었죠? 프란치스코 교황 방한했을 때요.

성호 아빠   교황님 오시고 몇 번, 오시기 전에도 몇 번 메시지를 주셨잖아요. 세월호 참사 관련해서 메시지를 주셨고, 그때 유민 아빠 굶고 있는 상태였고. 20일 넘게 굶고 있었을 거야, 아마. 삐쩍 말라가지고 이렇게 있는 상황이었고. 교황이 오시니까, 또 공간을 많이 써야 되니까 자리를 좀 옮겼으면 어떨까? 이쪽으로 올리자, 내리자 그런 제안도 왔었고. 안 된다고 이쪽은 사수해야 된다 그랬고. 교황이 어느 동선으로 움직이는지를 좀 알았어요. 이렇게 올라갔다 이렇게 다시 내려서 중간에서 다시 틀어서 올라갈 거다, 그 이야기를 하더라고. 그래서 무조건 그 자리를 사수하자. 교황님 오시면 어떻게든 교황님하고 만나게 만들자. 그래야 세상의 집중을 받을 것이고, 그게 진상 규명을 반대하는 자들을 압박하기에는 아주 좋은 무기가 될 수 있을 것이다. 교황께서도 오셔서 이렇게 하고 가셨다 그런 메시지를 주자라고 해서.

　　그때 유민 아빠 옆에서 다 코치하고 있었던 게, 옆에 엄마들이 몇 명 앉아서 건강도 챙겨주고. "아! 교황님 저기 오셨다. 나가, 나가, 유민 아빠 나가" 이런 것도 하셨는데 저는 넘버원이라고 불렀는데, 넘버원이 누구지? 넘버원 이름이 안 떠오르네. 누구 엄마야?

10반 엄마인가, 9반 엄마인가? 아, 이름이 또 기억이 안 나요. 넘버 투가… 경주 엄마고, 넘버 쓰리가 수빈이 엄만데. 넘버원이 이름이 기억이 안 나지? 내가 센 엄마들 원, 투, 쓰리를 붙여가지고 넘버 원, 투, 쓰리라고 불렀거든요. 이마트 다니시는 분인데? 고객센터에. 까먹었다. 그래서 교황님 오시는 동선에서 다른 사람들 다 제치고 일단 만나게 만들었죠. 그때 그것도 애썼어요(침묵). 그래도 변하지 않더라는 거.

아까 이야기했잖아요. 보는 데서는 '예, 열심히 하겠습니다. 예, 최선을 다 하겠습니다' 돌아서면 '누가 그래요?' 하는 식이에요. 그들의 방식을 그때쯤에는 이미 알고 있었으니까. 뭔가 큰 변화가 오지 않겠느냐라고 생각을 했었는데 큰 변화가 오지는 않았어요. 가톨릭 쪽에서 교황이 오신 뒤에 조금씩 변하려고 했었던 거 같은데, 그 시도들도 지금의 추기경께서 보수적인 성향이신 〈비공개〉 분이라 크게 힘이 나지 않더라구요. 그 뒤에 추기경도 한 두세 번을 만나러 갔었는데, 만나서 이야기도 하고 맞서주셔야 되는 거 아니냐, 이 상태로 가만히 계실 거냐? 약간 협박하러 갔었어요. 열심히 하겠다고 그러지 또, 추기경께서도. 그런데 지나고 나면 큰 변화가 없더라고. 그랬던 거 같아요. 차라리 교구에 계시는 신부님들이 오히려 더 적극적이셨고, 추기경께는 미안한 말씀이지만 별로 안 좋은 분 같애. 추기경으로 빠져버렸네? 교황에서? 제가 원래 그래요.

면담자　　　교황 오셨을 때 특별히 기억에 남는 장면이나 일화가 있으면 말씀해 주세요.

성호 아빠 최경덕

성호 아빠　　일단 그 유민 아빠를 만나게 해야겠다. 거기에 신경을 많이 써서 만났을 때 바로 옆에서 보고 있었는데, 그때 좋았어요. 교황이 쭉 앞쪽으로, 광화문 쪽으로 가버렸을 때 '안 돌아오면 어떻게 하지? 어, 가버렸네? 유민 아빠 못 만났는데…' 그런데 다시 내려오더라구요. 세월호 광장 거기 와서 이렇게 딱 턴하면서[돌면서] 인솔을 하셨던 그쪽의 차, 같이 타고 오셨던 한국 교구의 그 신부님이 저기 유민 아빠라고 그래서, 내려서 이렇게 만나고.

그 광경이… 좋았어요. 펑펑 울었으니까, 그때도. 감정, 감정선이 잘 깨지더라구요. 보통 사람이면 좀 참아야 되는데, 원래 나였으면 덤덤하게 지켜봤을 텐데 그게 안 되더라고. 감정이 그냥 펑 터지더라고. 어, 순간순간 그 안 좋은 일 이후로는 감정이 터져요. 그러니까 어… 감정을 잘 못 감춰요. 기분 나쁘면 정말 기분 나쁘다고 이야기해버려요, 대놓고. 우리가 어떤 대화를 하고 있다가 어떤 뭐, 공동의 일을 위해서 만나는 그런 사이고 대화를 이렇게 나누는 사이여도 "당신, 이거 맘에 안 들어, 이거 고쳐. 정말 기분 나빠. 너 한 대 확 쥐어박고 싶어. 너 그러면 안 돼"라고 그냥 이야기해버려요. 그 감정이 숨겨버리면 병이 되더라고. 그래서 감정을 펑펑 터뜨려요, 저는. 근데 악의에 찬 건 아니에요. 그때도 감정이 그대로 다 터져가지고 울고. 음… 그 일이 있고 한동안은, 또 며칠간은 행복했었죠. 그 변화된 것들이 이렇게 뉴스에서도 많이 나오고 그랬었고.

광화문 오시기 전에 대전에서 큰 집회했었거든요, 교황님이랑.

이야기는 안 나왔는데 교황님이 대전 쪽에 오셔서 큰 체육관[대전 월드컵경기장] 같은 데서 종교대회[성모승천대축일 미사]를 했었어요. 그때도 갔다 왔는데, 우리 집사람이 교황님 붙들고 펑펑 울었죠. 대전 갔을 때 가수 인××가 축가를 부르더라구요. 그 전체 사람들 앞에서. 그래서 나중에 생각했지. 아, 인××가 '거위의 꿈'을 불렀고, 10반의 보미가 '거위의 꿈'을 아주 예쁘게 불렀던 그런 기억, 9반인가 10반인가. 보미, '거위의 꿈'을 불렀으니까 인××한테 1주년이나 2주년이 됐을 때 불러달라고 부탁을 한번 해보자 해서 몇 번 시도를 했었어요. 매니저 번호 따서 이렇게 해봤는데, 인××가 거절을 하더라고. 〈비공개〉 다른 유명인들은 부탁을 하면 정중하게 거절을 하거나 "일정이 있어서" 이런 핑계를 대고 그럴 수도 있는데, 나서서 나오겠다는 사람도 있고.

그런데 이렇게 TV에서만 봤던 가수들도 성향이 분명하더라구요. "저는 갈 수 없습니다" 거절을 해버리더라고. 그래서 되게 서운했어요. '거위의 꿈'이었기 때문에 더 서운했을 거야, 아마. 교황 왔을 때 대전에서 또 인××를 봤고. 나중에는 좀 서운했었죠. 서명 한참 다닐 때 나름 유명하신 분들을 많이 서명에 조인[결합]시켜서 이렇게 같이 서명 활동을 하고 그랬었거든요? 그때 영화배우들도 많이 조인[결합]을 했고, 저기 내가 순천 갔을 때 장진영 씨? 정진영 씨? 그러니까 남자 영화배우 있잖아요?

면담자   정진영 씨요.

성호 아빠   그쪽에 촬영이 있다고 하더라구요. 그래서 전화드렸는데, 바로 오시더라고요. 너무 고마웠어요, 그때. 그리고 서명전하고 표도 안 내고 싹 이렇게 빠져주시고. 너무 고맙더라고. 전화번호 드릴까요?

면담자   아니요.

성호 아빠   가끔 하다가 이렇게 유명인 이야기 나오면 전화번호 드릴까요? 그래요(웃음). 제가 순천에서 몇 년 살았기 때문에 순천에 서명을 갔을 때, 그분이 또 조인[결합]했던 게 기억이 나네요. 순천 호수공원, 조례동에 호수공원 근처에서 했었는데. 삼천포로 빠져서 다른 데로 많이 갔죠?

면담자   괜찮아요.

성호 아빠   교황 이야기하다가 가수 인×× 이야기하다가 막 연예인으로 건너뛰어 버렸네?

면담자   네, 기억나시는 대로 말씀해 주시면 돼요.

〈비공개〉

9
청운동 농성

면담자   2014년 8월 21일부터 76일간 청운동에서 농성하셨어요.

성호 아빠　　그때 그곳에 간 이유는, 유민 아빠가 [단식] 날수가 제
법 됐잖아요. 옆에 있는 그 몸 챙겨주시는, 거기 계신 간호사님인
지 의사님한테 들은 이야기도 그렇고. 이가 흔들거리고 잇몸에서
피가 나오고 근육이 조직이 해체되는 수준이라고 그러더라고. 일
베에서 또 공격하고 있고. 유민 아빠는 대통령의 약속을 받겠다고
계속 청와대로 갔다 왔다 하고 있고. 그런데 '저 사람이 저기서 죽
어버릴 수도 있겠다'라는 생각이 들었어요. 이미 일반적인 단식의
한계를 넘어버린 상황이었고.

　　그래서 몇 명이 작전을 짰죠. 우리가 청운[동]에 가서 진을 치
자. 그런데 하나만 주장하자고 그랬어요, 처음엔. 유민 아빠 좀 살
려주라, 한 번 만나주라고. 다른 구호나 주장들도 있었지만 '유민
아빠 한 번만 만나주면 안 됩니까?'라는 게 가장 큰 주장으로 그곳
에 갔었어요. 유민 아빠 저대로 두면 죽는다. 그 상태를 들어보니
까 곧 죽을 거 같더라고. 그래서 5반 박성호 엄마, 나 그리고 한 여
섯, 일곱 명이 조인[결합]해서 각자 흩어져서 '그곳에 가서 일단 앉
자' 이렇게 된 거고, 그렇게 시작을 했죠. 하여튼 그런 거 하다 보면
몇몇 잘 뭉치는 사람들이 있어요. 우리 어디 가서 거기 참가합시
다, 이런 거. 민주당사 점거했던 것도 몇 명이 올라와서 '우리 들어
가서 앉읍시다' 그래서. 그때도 내가 했구나. 청운동에 가서 앉았
죠. 딱 앉을 때까지 힘들지, 앉고 나니까 경찰이 들어내진 않더라
구요. 막아버리더라고, 못 들어오게.

면담자   그렇죠.

성호 아빠   그런데 조금 지나니까 가족들이 붙잖아요. 지금 나처럼 가족들이 좀 붙어서, 볼륨이 생겨서. 그러면 요구가 관철될 때까지 개기는 게 농성이잖아요. 그래서 개겼죠. 그날 밤에, 얇게 [가늘게] 비가 한두 번 왔어요. 비닐 덮고 이렇게 바닥에서 잤는데, 거기서 살림살이를 시작하게 된 거예요. 그냥 있자니 또 뭐 하는 건가 싶어서 마이크, 앰프 갖다놓고 이야기하기 시작했고. 옆에 주민들이 동사무소 가는 데 불편한 거 같으니까 동네 분들 만나러 다니는 팀 만들어서 내보내고. 청와대 앞에 1인 시위는 된다고 그러니까 피켓 한 명씩 들려서 교대로 보내고. 그곳에서 계속 그런 것들을 조금씩 늘려갔죠. 밑에 통인시장에 가서 장 보고 오는 사람도 만들고. 또 뒤로 산이잖아요. 거기 갔다 오는 것도 두 명씩 만들어서 보내고. 청와대 앞에 분수대로는 한 명씩 계속 교대로 보내고. 또 거기 사거리에서 피켓 들고 있는 사람도 당번 정해서 하고. 영석이 엄마하고 순범이 엄마하고 살림 잘했으니까 그거 하고. 계속 그랬죠. 거기서 날짜가 또 계속 올라가니까 유민 아빠는 그 뒤로 나왔죠. 그런데 청운동은 남았죠. 그곳을 계속 찾아오셨어요, 사람들이. 종교 단체에서도 오시고, 뭐야 수녀님도 오시고, 목사님도 오시고. 수요일마다인가 그 청운동 동사무소 도로 건너편에서 종교 행사도 하고 그랬어요. 뭐 가톨릭도 하고, 기독교도 하고, 스님들도 하고, 신부님은 아예 같이 주무시고. 그런 분들도 계셨고. 그렇게 지냈었죠.

그리고 진을 틀고[치고] 나니까 부모님들이 매일 또 버스 타고 올라왔죠. 안산에서 출퇴근해 주시고. 그래서 낮이 되면 50, 60명 됐다가 저녁에 잘 때 되면 10여 명 내외로 줄어들었다가, 계속 그렇게 반복하고 그렇게 다니고. 5반에 누구야, 되게 터프하신 아빠. 아, 또 기억 안 나네. 중국인 관광객이 많이 오니까, 중국인 전용 피켓을 만들어가지고 중국말 몇 개 배워가지고 이거 해야 된다고 중국말로 계속 거기서 피케팅하시고. 그런 일들을 거기서 했죠. 왜 내가 그거 천막 접을 때 안 갔는지는 모르겠어요. 다른 일이 있었던 거 같은데. 나중에 그건 거기서 오래 있었던 사람들이 결정해라는 쪽으로 방향이 결정이 됐고, 천막을 접게 된 계기가 하나 있었던 거 같애. 그래서 접으면서 마쳤던 걸로. 추워지고 한 11월 말인가?

면담자　　　맞아요, 11월 말이에요.

성호 아빠　　천막을 접을 때는 하여튼 내가 안 갔어. 왜 안 갔는지는 다른 일이 있었던 거 같은데. 그랬었어요.

면담자　　　청운동에서 특별히 기억에 남는 일이 있었나요?

성호 아빠　　공통적으로 부모님들이 느끼는 거는 '중국인 관광객은 가는데 왜 우리는 못 가?'[였어요] 나 같은 경우는 1인 시위도 못 가요. 하도 많이 싸워가지고, 가면 뭐 대여섯 명씩 붙으니까. 무궁화동산 지나서 분수대 가고, 좀 더 가면 민원실이고, 그다음에 들어갈 수 있거든, 청와대로. 민원실까지는 기습으로 쳐들어갔었어요, 차 끌고 확 들어가 버렸지. 그랬더니 내 차도 못 가. 차가 못 가고, 사람도 못 가고, 나는 1인 시위도 못 가. 하도 막 구석구석 쑤셔 가지고 골목골목에 나를 아는 사람이 다 있었으니까. 잘 쑤시는 타입이죠, 시비 잘 붙이고. 〈비공개〉 중국인 관광객들은 가서 사진 많이 찍고 그래요. 정말 많이 와요. 근데 우리나라 사람은 그게 안 되더라고. 신문고가 거기 있잖아요?

면담자　　　네.

성호 아빠　　그 신문고 치겠다고 북채 내놓으라고 했더니 없대. 장식용이래, 원래. 동네 분들, 그 [청운동 주민센터 옆에 있는] 무궁화 동산에 나이 드신 분들이 이렇게 앉아 계시거든요. 그럼 가끔 음식도 갖다드리고, 다른 엄마 통해서. 거기서 종로경찰서장을 봤죠. 맨날 해산 방송 때리잖아요, 이렇게 좀 사람 모이면. 그래, 종로경찰서장이 와가지고 "성호 아빠 최경덕 씨" 내 이름을 탁 거명하면서. 나는 저 사람을 모르는데 저 사람은 나를 아는 거잖아요. 누구 아빠 누구 씨, 조용히 좀 하시죠? 그만하시죠? 군대식으로.

　　되게 기분이 안 좋아요. 나는 저 사람을 모르는데 저 사람은 나를 알고 있으니까. 나 너 잘 알고 있어, 너 어디 살지? 뭐 이런 식으로. 와동 사시는 성호 아빠 누구 씨, 이러면서 딱 이야기한다고요. 되게 기분 나빠요. 누구 남편 누구 씨 이렇게 이야기하기도 하고. 이건 협박은 아니지만 듣는 사람 입장에서는 협박이 되는 거예요. 내가 저 사람을 모르는데 저 사람은 날 알고 있으니까. 당신 어떻게 그거 아냐고 또 싸우고. 〈비공개〉 하여튼, [경찰서장한테서] 가끔 카톡도 오고 그러는데.

면담자   카톡은 뭐라고 와요?

성호 아빠   잘 지내시냐고. 그래서 보자고 그랬더니, 그 뒤로는
안 받더라고. 대치할 때 많이 왔고. 그런 여러 가지 일들이 있었죠,
그곳에서. 거기서도 많이 울었죠. 김제동이 와서 노상 토크쇼 하면
서 소 이야기했을 때, 소 이야기 알아요?

면담자   아니요.

성호 아빠   노상 토크쇼에서 여러 가지 이야기를 하던 중에 소
가 새끼를 놓고, 새끼를 떠나보내면 소가 웁니다. 아무도 저 소새
끼 왜 우냐고 그러지 않고 새끼를 보냈으니까 죽이라도 한 번 더
끓여서 준다고. 그런 이야기를 김제동 씨가 했는데, 그때가 기억나
요. 그게 좀 버라이어티했던[인상 깊었던] 이야기고. 나머지는 편지
도 많이 썼고, 탄원서도 많이 썼고, 민원실에 민원도 많이 썼고. 쓰
면 뭐 해, 전달이 안 되는데. 하여튼 많이 썼어요. 그러다가 거기서
한 분 실려 나갔는데, 싸우다가 혈압 터져가지고 갑자기 실려 나갔
는데. 백차[경찰차]를 한 번 탔었는데, 언제 그랬지? 기억이 안 난
다. 그런 일이 있었고….

면담자   그때 이동하시는데 경찰이 많이 따라다녔죠?

성호 아빠   따라다니죠. 그러니까 많이 봤던 사람이 움직이잖아
요, 가족 중에. 예를 들어서, 제가[저를] 그 [경찰들이] 많이 잡았으니

까 저나 중국말로 피켓 들었다는 석준이 아빠가 휙 가면 이렇게 따라가죠. 어느 정도 가면, 가도 되겠다 싶으면, 저쪽에서 "야, 냅둬" 이렇게 하고 "냅둬, 그냥 갈 거야" 이런 식으로 하고 많이 따라다녔죠. "야! 잡아", "막아" 이러면 막아버리고. 계속 그런 생활을 했었죠. 막았던 경찰이랑 저 편의점에 가서 같이 과자 사 먹고 그랬다니까. 왜냐면 근무 밖에서 만나면 똑같은 사람이고 훨씬 어린 애기들이고, 삼촌뻘 되고 아빠뻘 되고 그럴 만큼. 많이 따라다녔어요. 한번은 크게 돌아갈라고 한참 내려왔어요. 이렇게 도는데 또 뒤에 와 있더라고. 한 2킬로미터를 돌아갈라고, 어떻게 가보려고 하는데 안 되더라고. 하여튼 그래요. 다 아니까, [얼굴이] 다 팔려가지고.

면담자　　　그렇죠. 그때 특별하게 기억나는 장면이 있을까요? 그 와중에 좀 감동적인 일이라든가.

성호 아빠　　　거기서 ≪한겨레신문≫의 그 애들 이야기한, 스케치하는 칼럼이 있었잖아요?

면담자　　　예예, 박재동 화백의 아이들 얼굴 그림이요.

성호 아빠　　　그때 아들한테 글 썼던 거. 음… 편지 많이 썼고. 편지를 써서 읽잖아. 특별하게, 막 농성 시작하면 별로 할 게 없어요. 그냥 안에서, 그 멤버들 중에서 나름 좀 편한 거나 익숙한 거, 할 거리를 만들어내는 거거든. 가서 뭐 "마이크 들고 집회 식으로 떠들어"부터 시작해 가지고, 그랬던 거 같애요. 처음에 막 진입하고 나서 그다음 날인가? 낮에 양산이 두 개가 넘어왔는데, 경찰들이 뺏고 다 부숴놨더라고. 열받아 가지고 마이크 잡고 한 20분을 떠들었는데, "이거는 흉기가 아니고 햇빛 가리는 양산이라고. 더워서 그런다" 그런 이야기도 기억나고. 어떤 보급 물자가 와서 농성장을 유지하는 데 도움이 될 것 같으면 다 뺏어버리니까. 사람들 왔다가 나중에는 "가족입니다" 그러면 [들여] 보내주고 하긴 했는데, 농성장까지 진입하는 것도 쉽지 않았으니까.

일반인들은 아예 접근도 못 하게 했었고. 차 벽으로 딱 막아놨다가 그것도 계속하니까 빼꼼 열어줬다가. 그리고 그거 시작하고 나니까, 횡단보도에서 과속이나 신호 [위반] 단속하는 카메라를 다 돌려서 우리를 봤잖아요. 그건 고소를 제가 했어요. 그때 참여연대랑 같이 제가 그걸 고소했어요. 그런 거 기억나고. 또 길바닥에서 열심히 이렇게, 투쟁 현장에만 오시는 여자 변호사님이 있어요. 〈비공개〉 그분도 기억나고. 성영국[권영국 변호사] 님도 찾아오고. 많이 오셨어요. 지지 방문 많이 해주셨고, 음… 대학생들이 방문해 줄 때 특히 기쁘고. [방문한 학생 중 한 명은] 몸이 불편한 학생인데 학생회장 이런 직함을 가지고 있었어요. 그 학생이 이렇게 응원 방문 왔을 때, 많이 울었어요, 성호 엄마랑 겉으로 표는 못 내고. 그랬던 거 기억나요.

성호 아빠 최경덕

19박 20일 도보 행진, 아이들 영정 사진과 함께 한 도보 행진

면담자   2015년 1월 26일부터 2월 14일, 안산에서 팽목항까지 19박 20일 도보 행진을 하셨어요. 여기에 대해서 기억나는 대로 말씀해 주세요.

성호 아빠   인양분과에서 이걸 주관했고요. 인양이 자꾸 미뤄지고 있는데 계기를 삼아야겠다라고 해서 시행령이 나오기 직전이죠? 시행령이 2월 28일부터 움직이는 그런 거였고. 그래서 그 전에 '관심을 좀 일으켜야겠다'라고 해서 그때 좀 극단적인 방법을 [선택]했죠. "걸어가자, 팽목까지". 첫날 저기 수원 애경백화점 앞쪽인가? 거기까지 걸어갔었는데, 제가 거기까지 같이 걸었었구요. 도중에도 구간구간 좀 참여했었고, 마지막 날도 참여했었고, 한 네 번 정도 참여했던 거 같아요. 도중에 이렇게 참여를 해보면, 며칠씩 걸으신 분들 보통 발 상태가 안 좋죠. 뭐 찢어져 있고 그런 상태였고. 그래도 걸으면 또 걸어진다고 그렇게 하시더라구요. 계속 걸어갔죠, 뭐. 중간에 또 대나무로 유명한 데가 어디지? 하여튼 전남 쪽에서도 조인[결합]했었고, 전북 쪽에서도 조인[결합]했었고. 그다음에 진도 근처에서 팽목항까지 걸어가는 그것도 같이하고 했었는데. 저는 그냥 걸었어요. 나는 '몸을 이렇게 혹사시키면 또 마음적으로는 오히려 편할 수 있다'는 생각이 좀 들었었구요, 걸어보니까.

    마지막 날에 그 진도군청에서 이렇게 팽목으로 걸어갈 때, 전체 구간이 한 5라고 하면 한 3정도, 나머지 2가 남았을 때, 거의 끝자락에 정치인들이 막 끼어 들어오더라고(헛웃음). 같이 걷지도 않았던 인간들이, 그때 카메라가 몰리니까 막 들어와서 '어, 정동영이 갑자기 옆에서 걷고 있네? 이게 누구지? 어디서 많이 봤던 사람인데?' 가서 괜히 말 붙이고 보좌관으로 보이는 사람들이 사진 찍고. 이런 사람들이 마지막 구간, 하루를 걸은 것도 아니고 점심 이후에 갑자기 조인[결합]해서 이렇게 걷는 사람들도 몇 명 봤어요. 물론 바쁜 사람들이니까 [이해는 하지], 그런데 조금 얄밉더라고. 그랬던 게 기억이 나고.

마지막 구간에 다윤이 엄마가 휠체어 타고 조인[결합]했었고, 다윤이 엄마랑은 걷기 전에도 이렇게 팽목에 가면 항상 보고 친하게 지냈던 사람, 가족이거든요. 다윤이 아빠, 다윤이 엄마[와] 친한 편이고. 〈비공개〉 다윤이 집에도 두어 번 갔었고. 다윤이가 키우던 고양이랑 까만 개가 있어요. 개도 만지러 가고 그랬었는데. 음, 걸었어요. 인양을 알려야 된다는 목적 하나로 다 걸은 거니까, 가는 과정에 또 많은 분들이 응원해 주셨고. 같이 조인[결합]해서 저기 어디야, 동거… 아니다. 청운동 농성할 때 참여하셨던 시민 단체도 오셨고. 〈비공개〉 어쨌거나 완주했고, 그랬죠.

면담자　　　팽목항까지 걸으면서 특별하게 떠오르는 장면이나 경험이 있을까요?

성호 아빠　　　음, 정읍 쪽 걷고 쭉 내려가고 했을 때. 그다음에 수원 애경백화점 앞에 처음 저녁때 거기 도착했을 때, 하루 종일 걸었는데 문화제를 퇴근 시간 이후에 시작을 해야 되니 3시간 정도를 기다렸어요, 바닥에 앉아가지고. 그게 걷는 것도 고통스럽고, [기다리는 것도 고통스러웠던] 그런 것들. 하루 종일 걷고 나면 저녁때 그 지역의 단체들하고 물론 결합하는 건 좋은데, 하루 종일 걷고 왔는데 뭐 시간이 안 맞아서 막연하게 기다릴 때, 그런 것들이 좀 힘들었고. 그래도 이렇게 또 삼삼오오 얼굴 보겠다고 오시는 분들 보면 너무 좋았고… 그랬던 거 같고요. 진도군청 옆에서 무슨 학교 체육관 같은 데서 잤는데, 거기서 마지막 날 팽목 들어가면서 피켓이나 만장 같은 거를 들고 가야 되니까 밤에 그거 만들었던 기억이 좀 나고요. 거기서 자면서 예진이 엄마가 거의 다 걸어왔는데, 마지막 전날 체육관에서 자다가 일어나 앉아가지고 "이러면 뭐 하냐고 예진이가 없는데" 하고 울었던 거. "우리가 왜 이렇게 걷냐고, 법 만들면 뭐 할 건데, 인양되면 뭐할 건데, 예진이가 없는데" [하고] 울었던 거, 그것도 기억나고….

면담자   2015년 3월 30일 광화문 쪽에서 공무집행방해죄로 체포되셨어요.

성호 아빠   그 광화문 앞에 현판 지나가지고, 그게 경복궁인가요? 광화문, 덕수궁, 경복궁인가요? 끼고 이렇게 청와대로 올라가는데 막아놨길래 "왜 길을 막냐? 그냥 갈게" [하고] 도로로 가니까 "인도로 가라"고 그러고 인도로 가니까 "인도도 안 됩니다" 그러더라고. "그럼 난 어떻게 하라고?" 그러니까 "가만히 계시든지 돌아가시든지 하라"고. 그래서 싸웠죠. 물병 집어 던지고 막 그랬더니 금방 들어가버리던데, 공무집행방해라고.

면담자   2015년 4월 4일 1, 2차 삭발식 이후 아이들 영정 사진 들고 광화문까지 1박 2일 도보 행진을 하셨어요.

성호 아빠   삭발은 대부분 광화문에서 했었구요. 그다음에 영정 들고 출발할 때는 분향소 앞에서 추가로 삭발하실 분들 삭발하셨고. 그래서 영정 들고 또 걸었죠, 계속 가다가… 첫날이 광명까지였나? 광명 무슨 시민회관에서 잤던 거 같고, 그랬어요. 뭐 특별한 다른 기억은 별로 안 나고. 그냥 걸었어요. 뭐라도 했어야 되겠다라는 생각은 팽배했는데… 다른 잔혹한 아이디어가 많이 나왔어요. "유골함을 안고 가자" 그런 이야기 있었고, "관이라도 하나 들고 가자", 사람들 좀 보라고 그런 것도 나왔었는데, 그건 안 하는 걸로 [했죠]. 그냥 영정 사진만 들고 가는 걸로 그렇게 해서 걸어갔었고. 광명체육관에 도착해서 자기 전에 짤막하게 어떤 공연 같은 것도 보고 이렇게 했었거든요? 그때 무슨 연극을 하나 했었는데, 내용이 되게 잔혹했어요. 물에 빠진 애들이 나오는 내용이었던 거 같애, 무슨. 공연하시는 분들도 이렇게 준비를 했는데, 그걸 다른 사람한테 보여줬으면 좋았는데 우리한테 보여줘서 대부분 많이 [보다 말고 밖으로] 나왔던 거 같고, 속상해서.

가끔 가다가 문화제나 뭐 추모식이나 이런 거 하다 보면 공연 같은 게 올라오잖아요? 상복 입고 걸어갈 때 말고 뭐라도 이렇게 공연 같은 거 보면, 뭐 모르겠어요. 유가족이 아닌 분들이 보면 세월호 사건을 상기하는 어떤 계기가 될 수도 있는데, 가족 입장에서 보면, 내 입장에서 보면 그 공연은 안 했으면 좋겠어. 왜냐면 그… 사람이 물에 빠져 있고, 거기서 구해달라고 외치는 그런 내용을 담고 있으니까. 광화문에서도 한번 그런 걸 했었던 거 같애. 무슨 연극인지 이름은 기억이 안 나는데, 그런 것들 한두 번 있었거든. 그런 것들이 광명 거기서도 있었어요. 그래서 그것도 공연 중에 나와버렸던 기억이 나고. 하긴 뭐 참사 초기에 이랬었다는 걸 알아야 되니까.

면담자   아버님, 중요한 말씀을 많이 해주셨는데, 오늘은 주변 소음 문제도 있고 여기서 마칠까 합니다. 다음번에 삭발식 하셨을 때부터 이어가도록 하겠습니다.

3회차

2017년 2월 13일

1   시작 인사말

2   해수부 항의 방문

3   특별법 시행령 투쟁

4   예상치 못한 경험

5   동거차도 감시단 활동

6   전국 간담회, 안산 대시민 선전전

7   국민 성금, 재판 참관

8   온마음센터 활동

9   가족협의회 심리생계분과 활동, 아빠공방 활동

10 대안학교 이야기

1
시작 인사말

면담자　　본 구술증언은 4·16 사건에 대한 참여자들의 경험과 기억을 기록으로 남김으로써 이후 진상 규명 및 역사 기술에 기여하고자 합니다. 지금부터 최경덕 씨의 증언을 시작하겠습니다. 오늘은 2017년 2월 13일이며, 장소는 안산시 단원구 세승빌라입니다. 면담자는 정수아이며, 촬영자는 김솔입니다.

2
해수부 항의 방문

면담자　　2차 구술이 지난주에 끝났어야 하는데, 드릴 소리가 나고 방문자도 있고 해서 오늘 계속하게 됐어요. 지난주에 2014년 활동하신 부분은 끝냈고, 2015년 4월 4일 1, 2차 삭발식 이후에 아이들 영정 사진 들고 광화문까지 1박 2일 도보 행진을 하신 이야기 듣다가 마쳤거든요. 거기부터 다시 부탁드릴게요. 연결이 안 되니까 영정 사진 들고 행진하실 때 얘기를 오늘 다시 해주시면 좋겠어요.

성호 아빠　　광화문에서 삭발하고 국회에서 단식하고 있는 상태에서, 그 안산에서 출발해서 상복 입고 도보를 했었던 거 같고요. 맞나? 그랬던 거 같고. 안산 출발해서 그 광명시청, 그 운동장인가? 체육관인가? 거기서 1박 하고 서울 올라왔었고요. 가다가 국회 들러서 집사람 보고, 그다음에 광화문 걸어왔던 걸로 기억이 나고요. 세부적인 건 물어봐야 제가 답을 할 수 있을 것 같아요.

면담자   당시 주변에 어떤 아버님, 어머님이랑 같이 걸었는지 이야기해 주세요.

성호 아빠   그때 기억나는 건 성묵이 아빠, 성묵이 엄마가 걸어가고 있었고. 우리 반 기억나는 건 성묵이랑 형준이 아빠 걸어가고 있었고, 기범이 아빠 걸어가고 있었고. 그다음에 강혁이 아빠, 강혁이 누나 걸어가고 있었고. 나머지 분들은 거의 다 아는 분들 가고 있었는데, 그렇게 걸어갔었죠. 길가에는 뭐 단체, 지지, 응원 나오신 분들? '응원합니다' 이런 내용의 글 들고 있었고. 가끔 가다가 유치원 애기들 와서 이렇게 막 응원하는데, 그런 것도 보고 오고. 그렇게 걸어갔던 거 같아요. 대오는 가면서 점점 늘어났고⋯ 그랬던 거 같아요.

면담자   특별하게 기억나는 사건은 없었나요?

성호 아빠   그렇게 기억나는 건 없는데요.

면담자   지난주에 원래 영정 사진 말고 유골함을 들고 가자는 의견이 있었다고 하셨어요.

성호 아빠   유골함 들고 가자라는 의견도 나왔었는데, 그거는 하지 말아야 될 일 중에 또 하나잖아요. 그래서 반대 의견이 많아가지고 그거는 못 했죠. 상복 입고 영정 사진 들고 가는 걸로 그렇

성호 아빠 최경덕

게 [결정]했었고. 또 과격한 아이디어들은 많았는데, 그건 뭐 가족회의 통해서 하자 말자를 결정했기 때문에, 반대자가 한 명만 나와도 하기 힘들거든, 사실. (면담자 : 그렇죠) 상복 입고 가는 자체도 싫어했던 분들한테 "일단 집에서 쉬셔라, 우리가 들고 갈게"라고 했고. 그래서 동의를 받았는데 유골함 들고 가는 거에 대해서는 반대 의견이 좀 많았어요. 그래서 못 했죠. 가족들 보면 뭐 분향소 안 촬영하는 거, 지금도 금기돼 있죠, 아이들 사진을 직접 쓰는 거에 대해서 좀 거부감이 있는 분이 많아요. 최근에 촛불[집회] 하면서 광화문에 아이들 사진으로 된 망토가 등장하긴 했는데, 그건 가족들한테만 몇 장 나눠줬어요. 한 40, 50장? 그 외에는 사진도 잘 못 쓰게 하고. 방송차에도 그 사진 같은 게 있잖아요.

면담자　　　그렇죠.

성호 아빠　　　그게 또 불편해하시는 분들도 있어요. 가족들 내에 스스로 '이건 하지 말자'라고 좀 정해놓은 것들이 있고, 당시에는 유골함 들고 가는 거에 대해서 '그건 하지 말자' 그렇게 많이 하셨죠. 애착이 많은 분들은 집에 유골함을 갖다놓은 사람들도 몇 명 있어요, 지금. 제가 알기로는 뭐 4반에는 수현이, 지금은 화성으로 이사 갔는데, 유골함을 집에다 갖다놓고 있고, 3반에 시연이도 집에 유골함이 가 있고, 몇 명 있는 거 같애. 자식이라서 그게 상관이 없는 거 같애요. 예를 들어서, 부모님이거나 조상님이면 좀 부담 느낄 수 있겠는데, 자식이기 때문에 유골함을 집에 갖다놓는다 해도 전혀 아무런 거리낌이 없어요. 왜냐면 거의 뭐 한 달에 한두 번씩 다 애들 보러 가시는 분들이라 집으로 데려다놔도 괜찮겠다 생각을 해요. 가족 이외에 누군가 와서 보게 되고, 뭐 불편해할 수도 있겠다라는 것 때문에 안 하는 거지, 부모 입장에서 자식 유골 집에 갖다놓는 거는 전혀 아무렇지 않아요. 유골함에 대한 애착 같은 거죠. 그래서 그건 안 했던 걸로 기억해요.

면담자　　　　아무래도 같이 있는 기분이 들 테니까요.

성호 아빠　　　그렇죠. 전에 이야기했던 거 같은데, 성호 그 수목장에서 납골당으로 옮기면서 유골이 젖어 있었다고 제가 말씀드렸잖아요.

면담자　　　　네, 말씀하셨어요.

성호 아빠　　　유골을 말릴 때 그런 기분 아닐까. 물에서 희생된 애를 이렇게 했는데 유골이 젖어 있으니까, 그때 몹시 힘들더라고요. 아마 내 자식을 볼 수 있는? 내 자식처럼 생각할 수 있는 대상, 유골이니까, 거의 자식 같은 거죠. 그런 거 아닌가 생각해요.

면담자　　　　영정 사진 들고 행진하실 때 특별히 힘든 일은 없었나요?

성호 아빠　　　'이러고[아이 영정 사진을 들고 걸어야 되는구나' 그런 생각이 슬프게 하는 거죠. 육체적으로 아프거나 그런 거는 기억나지도 않고요. '사람들 앞에 이렇게 다 까발려 놓고 가야 되는구나.

내가 이런 형국으로 저 사람들에게 보여주기 위해서, 사람들 보라고 이런 행동까지 해야 되는구나' 그런 것들이 좀 슬프죠.

그렇게 하게 된 이유는 그거죠, 뭐. 그때 시행령 관련이니까. 그리고 그 시행령을 통과시키면서 시행령 안에 여러 가지 문항들도 있겠지만, 배·보상 관련 내용들이 있잖아요. 시행령 통과된 것을 배·보상에 대한 내용이 통과된 것처럼 언론이 또 보도를 하고. 또 누구는 얼마라더라, 이런 식의 일종의 셈을 해서, 예시로 셈을 해서 이렇게 해버리니까 '단원고 학생의 부모들은 얼마 받는다', '교사의 부모들은 얼마를 받는다', 이런 식으로 훨씬 구체화해서 우리가 그것만을 내용에 담기를 원했던 것처럼 이렇게 해버리니까, 그게 분해서 걸었던 거고. 그게 분노를 만들어서 '우리 분하다'라는 걸 타인에게 보여주기 위한 행동을 한 거잖아요. '우리 의도와 다르게 우리를 매도하고 그렇게 하더라', 그게 분해서 이렇게 걸었던 거니까, '그렇게라도 해서 좀 분함을 알리자'라는 목적으로 상복을 입고 영정 사진을 들었던 거지, 그걸 하고 싶었던 사람은 없죠. 누가 그렇게 하고 싶겠어요?

처음에 KBS 갈 때, 2014년 5월 달에, 분향소에서 애들 사진 내려서 사진 들고 갈 때 기분이 처참했거든요. 또 애들을 데리고 나가는구나 생각하고. 음, 그건 몹시 불쾌한 일이에요. 그래서 또 그렇게 해야 되는구나, 부모님들 다 그랬을 거예요. '왜 우리가 이렇게까지 해야 되나'. 그것들이 이제 힘들었죠. 다른 사항은 없었어요.

면담자   그럼 4월 6일에 세종시 해수부 항의 방문하셨던 때 상황을 좀 들려주세요.

성호 아빠　　　그때 왜 방문했는지 까먹었네. 일단 그때 해수부 장관인가? 그 항의를 하러 갔었고요. 가족들 도착하자마자 이미 다 막을 준비해 놨길래 제가 몇 초 일찍 들어가 버렸어요, 아예. 들어가서 로비에 앉아가지고 혼자. 가족들은 밖에 다 붙들려 있고. 거기 뭐 체크하고 들어가는 거 뛰어넘어 가지고 막 난리도 치고 그랬죠. 그때(한숨) 해수부 사고 수습단에 있었던 그 해수부 직원을 또, 안면 있는 사람을 만나가지고 멱살도 잡고 좀 흔들고 그랬었던 거 기억나고…. 그랬다가 밖으로 나왔죠, 더 이상 못 올라가서. 그때 밖에서… 아, 기억나네요. 밖에서 농성하다가 짜장면 시켜 먹었어요, 전부 다(웃음). 네, 거기서 대치를 많이 하다가 부모님 몇 명 충돌해 가지고 실려 가고 그랬던 것도 기억나고, 그 정문 돌파하려고 올라가서 막 밀고 댕기고 했던 것도 기억나고.

　　'사람과 사람이 밀려서 중간에 끼어가지고 이 압박으로 가슴이 터질 수도 있겠다'라는 생각을 그때 해봤던 거 같아요. 막 가슴이 터질 것 같은데 빠져나갈 틈은 없고, 그런 거 있잖아요. 시위대 제일 앞에 서면 이렇게 눌리잖아요, 앞뒤로. 아군도 밀고 앞에도 밀고 하니까. 거기 앞에서도 구호 많이 하고 소리 지르고 그랬던 거 같아요. 지성이 아빠[가] 그때도 촬영하고 있었고. 해수부 정문 바로 위에 그때 누구야, 까먹었다 이름 또. 이름을 자꾸 까먹어서. 응, 예슬이 아빠가 붕붕 날아다녔고, 그랬던 거 같아요. 그런 일들을 거기서 하고 왔죠. 그런데 왜 방문했는지 기억이 잘 안 나지? 그게, 시행령 직후인가요?

면담자   네, 4월 6일.

성호 아빠   아마 그런가 봐요. 시행령 관련해서. 그리고 그때쯤에 시행령 나오고, 가족들 중에서도 해수부랑 비슷한 의견으로 배·보상 받아들이고 뭐, 그렇게 하자는 분들도 좀 나왔어요. 그것들이 또 그걸 수용할 수 없는 분들하고 갈등을 만들어냈고, 그런 분노를 해수부에다 터친[터뜨린] 거죠.

해수부 같은 경우는 그때쯤에 배·보상 접수를 하겠다고 안산 중소기업진흥원[중소기업연수원]인가? 거기, 팔각정 앞쪽에 있는 거 있잖아요? 원곡동 쪽에서 공단 쪽으로 건너가다 보면 우측에 중소기업진흥연수원[중소기업연수원] 같은 데가 있어요. 그곳에다가 창구를 냈죠, 해수부 쪽에서. 안산시청을 통해서 우리가 배·보상 접수할 수 있는 창구를 낼 테니까 공간을 마련해라, 시청에다가.

그런데 시청은 안 된다, 시청 안에서 못 한다, 우리 맞아 죽는다, 가족들한테. 그랬다가 뭐, 어디였더라? 지금 그 미술관? 거기다가 연다고 그랬다가, 그것도 가족들 반대로 쫓겨나고 하다가 결국 중소기업연수원인가 거기에다가 그 배·보상 접수창구? 신청 창구를 열었었죠.

뒤에 가서 중소기업연수원 거기도 쳐들어가서 한 번 엎었죠, 거기도. 이게 뭐 하는 거냐고, 왜 가족들 자꾸 싸움시키냐고. 그렇게 거기도 쳐들어가서 한 번 싸웠던 거 같애요. 집기를 다 들어내

버렸죠, 아무것도 안 남기고. 열받아서 싹 다 들어내 버렸는데, 그때 좀 슬펐던 거는, 접수하신 분들 서류를 제가 이렇게 봤어요. 봉투에 이름은 적혀 있잖아요, 누가 누가 그날 접수를 했는지.

면담자   아, 그렇죠.

성호 아빠   몇 명 보니까, 아는 이름이 몇 명 있었어요. '아, 저분 신청했구나' 그런 거. 그런 것도 좀 있었어요. 힘이 조금 빠지죠. 근데 원래 그분은 그렇게 할려는 색깔이 진했기 때문에 '음! 역시나 했구나' 이런 느낌을 좀 받았죠.

3
특별법 시행령 투쟁

면담자   4월 16일 1주기에 시행령 폐기를 요구하며 광화문에서 연좌 농성을 하셨죠?

성호 아빠   모르겠어요, 그때는 연달아 두 갠가 세 개의 큰 시위, 집회 같은 것들이 있어 가지고 내가 어느 때 잡혀갔는지도 모르겠고, 그것도 헷갈려요.

면담자   아마 18일이었을 거예요. 세월호 인양과 진상 규명을 촉구하는 범국민대회였죠.

성호 아빠   처음 연행됐나요?

| 면담자 | 처음은 3월 30일에 공무집행방해죄고요. |

| 성호 아빠 | 응, 그랬어요? |

| 면담자 | 네, 3월에. |

| 성호 아빠 | 그 뒤로도 한 번 잡혀갔는데. |

| 면담자 | 네, 그러니까 4월 18일에 시민 100여 명이 연행될 때 유가족도 그때 많이 연행되셨는데, 아마 한 보름 간격으로. |

| 성호 아빠 | 응, 그럴 거예요. 근데 어느 때 내가 연행됐는지는 막 헷갈리거든요. 그때 5월 초 집회까지 해가지고 그게 한 세 번이 쭉, 한두 달 사이에 다 있었던 거여서, 그래서 좀 헷갈려요. 이때 내가 그거 했나? 저때 그거 했나? 할 정도로. |

| 면담자 | 그냥 생각나는 대로 말씀해 주시면 됩니다. |

| 성호 아빠 | 뭉뚱그려서 보면 한 번 연행됐었고, 그다음 날인가 나왔죠, 유치장에서 하루 잤고. 그때 처음 잡혔을 때가 종로경찰서로 갔고요. 종로경찰서 갔을 때, 어… 무슨 과더라? |

| 면담자 | 정보과? |

| 성호 아빠 | 정보과가 아니고 고등, 지능범 다루는 그런 거였는데? 그런 쪽에서. |

| 면담자 | 지능범죄수사과? |

| 성호 아빠 | 뭐, 하여튼 그런 쪽으로 갔어요. 조서를 쓰는 데만 |

4시간 걸리더라고요? 저녁때 되고 배도 고프니까 짜장면도 시켜주더라고요? 그때 나한테 조서를 썼던 그 계장 정도 되는 분이 있는데, 그분을 그다음 집회 때 또 만났죠. 그다음 연행 때 그 사람을 또 봤어요. 그때 여러 명을 이렇게 현장에서 잡아서 차에 실었잖아요. 그 차를 운전하고 있었어요. "또 뵙네요?" 하고 내가 인사를 했는데 모르는 척하더라고? 강 뭐였는데, 이름이. 그랬던 거 같고.

처음 잡혀갔을 땐가? 두 번째인가? 헷갈린다. 조서 쓰고 다리가 너무 아팠어요. 지금도 한 두 시간 정도 움직이면 제가 절어요. 무릎이 좀 안 좋아서. 그래서 중간에 성모병원인가 가서 주사랑 약을 처방 받고 왔던 거 같아요, 조서 쓰다가. 그래서 유치장에서 하루 잤죠. 핸드폰하고 다 압수하고 유치장 가서 자고, 유치장에서 밥 먹고. 다른 건으로 거기 들어오신 분들도 몇 명 같이 이렇게, 처음 유치장에서 자봤어요. 그 정도가 기억나요.

처음 갔을 때 공무집행방해하고 뭐 도로교통법 위반? 뭐 그런 내용이었고요. 나중에 나와서 이렇게 다른 분이 그러더라고요. 특수가 앞에 붙으면 구속 가능성이 높다. 특수공무집행방해, 뭐 특공방해, 이렇게 줄여서 이야기하더라고. 그렇게 되면 음, 구속 가능성이 높으니까 일단 죄명만 보면 좀 판단하기 쉽지 않느냐? "잡혀가시면 죄목을 읽어줄 때 공무집행방해인지 특수공무집행방해인지 그거를 유심히 들어라" 이러더라고. 그렇게 갔다 왔죠. 두 번째 갔을 때는 무슨 날인지는 헷갈려, 잘 모르고. 광화문, 그 있는 데가 경복궁이죠?

면담자   네, 경복궁 앞이요.

성호 아빠   [경복궁] 끼고 이렇게 청와대 방향으로 광화문이 있으면 이렇게 현판이 있고 이렇게 올라가는 쪽에 이 입구에서, 광화문을 기습 점거해서 광화문 앞에 1박인가 우리가 했었잖아요. 그렇게 하고 그다음에 모여서 있다가 올라가는 그 과정에서 충돌이 있었고, 그때 캡사이신이 난무했죠. 다시 연행됐을 때는 제가 캡사이신 직격탄을 맞았거든요. 그때 경찰하고 딱 대치하는 순간, 경찰이 이렇게 손이 쫙 나와서 안경을 딱 뺏어가서, 사람이 막 밀고 댕기고 왔으니까 내 안경을 잡아도 그 사람이 멀리 못 가잖아요, 이 사람도 뒤에서 밀리고 있으니까. 안경 잡더니 보는 데서 부숴버리더라고요. 이렇게 부숴가지고 한쪽이 완전히 구겨지고 막 그랬었는데, 그 안경 집에 있어요.

그렇게 보는 데서 안경 딱 빼서 부숴버리고 [캡사이신을] 쏴버린 거예요, 눈에다. 안경이 없으니까 눈에 뵈는 게 있었어야지, 매워서. 그래서 주저앉으니까 잡아서 벽에다 밀치고 현행범 체포한다고, 막 욕을 했던 거 같은데. 그렇게 해서 어떤 차에 올라탔을 때, 처음 연행돼서 나한테 조서를 받았던 사람이 운전석에 있더라고요. 두 번째는 그렇게 실려서 은평경찰서로 갔나?

면담자   종로가 아니고요?

성호 아빠   종로로 안 갔어요. 다른 경찰서로 갔어. 인원이 많아서 분산해야 된다고. 그때 같이 연행돼서 경찰서로 갔던 사람 여러 명 중에, 그땐 여러 명이 연행됐으니까.

면담자　　　네, 100여 명.

성호 아빠　　　그때 같이 연행됐던 사람들 중에 고등학생도 있었어요. 그래서 이모님인가 와가지고 데리고 간다고 그러니까 친부모가 아니어서 안 된다고 안 내주고. 하여튼 그런 것도 있었고. 인솔했던 선생님이 뭐 신분 밝히고 어떻게 해서 학생들은 나간 걸로 기억이 나요. 고등학생은 잡아놓으면 또 안 된대요.

면담자　　　미성년자니까요.

성호 아빠　　　네, 네, 그런 이야기 하더라고. 그래서 두 번째 잡혀가서 경찰서에서 또 조서 쓰고, 나를 연행했던 경찰이 와서 조서를 쓰더라고요. 나도 조사하고 조서 쓰고. 내가 분명히 욕도(웃음) 뒤지게 얻어먹고, 안경을 부순 애는 아니야. 보는 데서 이렇게 팍 해가지고 부숴버려서 내가 잊을 수가 없죠. 그렇게 부수고 나서 확 쏴버렸으니까, 물총처럼 생긴 거 있잖아요, 등에 메고 다니는 거. 그런 것들이 기억이 나는데, 그때 영석이 아빠도 잡혀가고. 네, 바로 옆에서 잡혀갔어요. 차에 실렸다가, 경찰서 갔다가, 조서 쓰고 그날 밤에 나왔어요, 그날은.

면담자　　　그날은 빨리 나오셨구나.

성호 아빠　　　네, 그날은 너무 많아서 그런지. 또 민변 쪽에서 경찰서로 바로 변호사님들 오셨더라고. 와서 뭔가를 이야기하는 거

같고. 하여튼 그날 거의 다 풀려났어요, 늦게 나오긴 했지만. 종로
경찰서 쪽에 갔을 때는, 음… 두 번째 간 경찰서는 또 분위기가 좀
달랐어요. 은평이었던 걸로 기억을 하는데, 은평 쪽에서는 유가족
들을 처음 보는 것 같은 사람들 그런 느낌이었고, 종로는 하도 많
이 봐놓으니까 분위기가 좀 달랐어요. 경찰서 두 번 갔죠. 그다음
에… 그때인가, 아니면 그다음 집회였던가? 시민들이 많이 잡혀갔
을 때, 권영국 변호사가 잡힌 적 있었어요. 그래서 권영국 변호사
면회를 갔죠. 저희 때문에 고생한다고 죄송하다고. 그때 권영국
변호사가 잡혀간 그 경찰서에 다섯 명인가, 여섯 명이 같이 들어갔
는데, 한 명은 구속됐어요. 권영국 변호사랑 다른 분들은 나오고,
그 한 명은 구속됐어요. 제가 핸드폰에 써놨어, 그분은. 전화번호.

면담자   어떤 이유로 구속됐어요?

성호 아빠   특공방해가 된 거죠, 특수공무집행방해. 그래서 그
분 구속된 걸로. 비슷한 관련 전과가 있는 분이고. 그때 가서 그분
한테도 면회를 같이 했었거든요? 이런 일 예사니까 신경 쓰지 마시
라고 그래서, 미안했죠. 나중에 그분만 빼고 다 나오셨더라고요.
그래서 그분한테 되게 미안했어요. 다른 여러 가지 일로 그분도 신
념을 가지고 그 자리에 오셨지만, 그래서 뭐 연행되고 그 과정은
같지만, 꼭 저희 때문에, 저희를 대신해서 구속이 된 것 같은 그…
죄책감이 한참 들었어요. 넉 달 갔어요, 그것도 한참 갔어. 그게
2015년도 4월, 5월 그때죠?

면담자   맞아요, 5월 초 되기 전에 세월호 인양 공식 발표가 있었어요.

성호 아빠   그거 거짓말이잖아요.

면담자   네, 그러니까요.

성호 아빠   아직도 안 했잖아요. 그런 뉴스가 필요했을 뿐이에요. 시행령 가지고 안 되니까 그것까지 발표하고, 뭐 하여튼 다 거짓말 자료니까.

면담자   경찰서에서 조서 쓸 때는 특이한 점은 없었나요?

성호 아빠   두 번째 연행됐을 때, 옆에 경찰이랑 같이 조서 썼다고 그랬잖아요. 그 친구가 현대에서 왔더라고요, 울산에서. 그 중공업 같은 쪽이 시위를 하면 격하잖아요, 그쪽에서 주로 이렇게 진압하는 경찰. "울산에서 왔냐?" 이렇게 이야기를 했었는데. 어, 그날 뭐 전국에서 다 끌어모았다는 이야기죠?

면담자   그렇죠.

성호 아빠   그리고 [막은 경찰들이] 강제 진압 전문으로 하는 팀들이었어요. 처음에 연행돼 들어갈 때나, 첫 번째 두 번째 시위보다는 두 번째 연행돼서 갔을 때는 그 시위를 막으러 온 쪽에서 훨씬 격렬했고요. 안국동 로터리에 있을 때도 그쪽도 울산 팀이었어요. 사투리가 섞여 있으니까[있어서] 울산이냐 물어보니까 말 안 해주더라고요. 그런데 연행돼 가서 이야기해 보니까 울산에서 왔더라고.

중공업 앞에서 집회하거나 시위하면 전문으로 잡는 애들이더라고요. 그래서 그랬던 게 기억이 나요.

그 연행되는 과정에서 막 꺾고 벽에 밀치고 이런 과정을 제가 당했거든요. 안경도 부숴버리고 막 그래 가지고, 조서 쓰면서 많이 항의를 했는데, 그 옆에 있던 경찰은 절대로 안 적었다고 뭐 그런 이야기하더라고요. 물론 그 사람은 아니어도 그 무리에서 그런 걸 했잖아요. 캡사이신 다 조준 사격하고, 안경 벗겨놓고, 부수고, 이렇게 쏴버리니까 상당히 화가 났었거든요. 그런데 그런 거 없다고 딱 이렇게 이야기하고. 그런 것들이, 물론 누구나 자기주장을 하고 내 주장을 설득을 시키려고 여러 가지 객관적인 사실도 붙여서 이렇게 말을 하잖아요? 그런데 내가 겪은 일을 안 했다, 그런 일 없다고 그러니까 좀… '어쩔 수 없구나, 경찰이 경찰이구나. 시키니까 하는 거겠지' 그런 생각도 들었고, 그랬었어요.

면담자   조서에 아버님이 말씀하신 내용이 남았나요?

성호 아빠   내가 주장하는 건 이야기를 했는데….

면담자   안 남았나요?

성호 아빠   모르겠어요.

면담자   원래 조서를 쓰면….

성호 아빠   나중에 보여주잖아요?

면담자   네.

성호 아빠   그거 어떻게 다 봐요? 한참 이야기했는데.

면담자   요즘은 컴퓨터 화면을 뒤로 붙여서, 확인하시라고 하면서 그렇게 안 하던가요?

성호 아빠   출력해서 보고 사인하라고 그러더라고.

면담자   그냥, 아….

성호 아빠   보고 많으니까 "제가 한 이야기 적으셨죠?" 그랬던 거 같고. 처음에 연행돼 갔을 때도 뭐, 증빙 자료가 많더라고요. 촬영 자료 캡처해서 프린트해서 테이프로 만들어[붙예]놨더라고요. 본인 맞냐고 그래서 "저 맞네요. 다 저네요. 이렇게 다. 지은 죄만큼 벌 좀 주세요" 이렇게 이야기했던 거 같은데. 가서 항의하면서 했던 거는 그거예요. 내가 길을 가는데 막아서 도로로 나갔고, 도로로 가니까 인도로 가래서 인도로 갔고, 그래서 내가 가는데 인도도 안 된다 해서 몸싸움을 벌였다. 이게 왜 공무집행방해냐? 이게 정당한 공무 집행이냐? 공무 집행일 수는 있다. 그런데 이게 정당한 공무 집행이라고 생각하지는 않는다. 그래서 나는 벌 좀 받고 싶다. 벌줘라, 내가 공무집행방해면. 정당한 공무 집행이었다면 얼마든지 벌을 줘라. 그리고 나는 그냥 민원실에 가고 싶다, 청와대에. 뭐, 어디야. 청운동 있을 때도 그랬지만 나는 민원실에 민원 넣을 게 있어서 가는 건데, 왜 막냐? 그리고 입을 싹 닫아버리면 공평하지가 않아요. 그래서 거기에 대해서 화를 많이 냈죠. 공평하지 않으면 화나는 거잖아요.

성호 아빠 최경덕

면담자	그렇죠.

성호 아빠 그렇죠? 법이라는 게 만들었으면 똑같이 이렇게 적용을 받아야 되는데, 너무 공평하지 않잖아요. 그래서 화가 났던 거고. 많이 싸웠죠, 뭐. 하도 많이 그래 가지고, 두 번째 연행됐을 때. 이거 벌써 5월로 가버렸네요? 더 할 거 있나 모르겠다.

면담자 네, 5월은 거의 얘기하셨어요.

4
예상치 못한 경험

면담자 2015년, 9월부터 이제 동거차도 감시단 활동하셨죠?

성호 아빠 동거차도 가기 조금 전에, 9월 가기 전에….

면담자 다른 생각나는 거 있으면 말씀해 주셔도 돼요.

성호 아빠 사적인 건데, 저한테 영향을 많이 준 일이라 [말할게요]. 집사람 친구가 딸내미를 데리고 우리 집에 놀러 왔어요. 그때 6월 달에 제가 강아지를 샀고요. 강아지랑 그 집 딸내미랑 나랑 집 뒤로 산보를 갔어요. 그때 이제 제가 와동에 살고 있었고. 집 뒤에 약간 조그마한 언덕에 이렇게 올라갔는데, 강아지 데리고 왔다 갔다 이렇게 하는 곳인데. 어느 날 그 멤버로 올라갔는데, 누가 저기서 있어요. 어떤 아저씨가, 남자 같은데. 조금 더 다가가 보니까 목을 매고 있어. 목매고 자살을 했더라고. [일행 중에] 애기도 있고 그래서 "야, 우리 뒤로 가자" 쭉 이렇게 와가지고 119에 신고를 했죠. 누가 여기 목을 매셨다. 그때는 얼굴 이렇게 보니까 색이 변했어요.

면담자   시간이 좀 지났나 보네요.

성호 아빠   네, 최소 30분 이상은 지난? 얼굴이 색이 변했고 이렇더라고. 사람이 목맨 걸 본 적 있어요?

면담자   없죠.

성호 아빠   그게… 여름이었으니까 8월, 9월 정도 됐겠다. 그걸 봤는데. 그분도 [영상이] 한 달 정도는 가는데. 집에서 이렇게 나올 때, 집으로 들어갈 때.

면담자   생각이 나세요?

성호 아빠   복도가 깜깜하고 저녁이 되고, 그 언덕 쪽으로 이렇게 앞쪽으로 지나갈 일이라도 생기면 자꾸 보여요. 자꾸 보여가지고 애먹었죠. 응, 그랬었어요. 119에 전화를 거니까 그러더라고요. 빨리 가서서 심폐소생[술] 해라. 우리가 빨리 갈 테니까 그전에 나보고 가서 심폐소생[술] 하라고. 그런데 색이 다 변했어요. 거무스스름하게 다 변했더라고. 그럴 단계는 아닌 거 같다. 그러니까 119, 경찰 막 전화 오더라고, 나한테. 있는 곳이 어디냐고. 네, 여기는 언덕이고요, 뭐 정수장 이런 데고요, 오세요, 빨리. 오시면 저 갈게요. 그냥 가버리긴 좀 그래서. 뭐 그분이 계속 나오더라고[영상이 떠오르더라고], 이렇게, 한 한 달 이상.

면담자   힘드셨겠어요.

성호 아빠   나중에 경찰이 전화 오더라고. 그런 걸 처음 봤냐고, 처음 봤다고. 외로워서 돌아가신 거 같애. 내가 경찰한테 물어봤거든요. 혼자 사시는 분인가요? 그러니까 혼자 사시는 분이었다고, 그런 거 같고. 그곳에 아침에 주로 산책을 갔는데, 늘 산책을 비슷한 시간대에 가면 나 말고 다른 사람도 보잖아요. 하루인가 이틀 있다가 거기 또 산책을 가시더라고, 내가 가면 뵙던 아주머니가 두 분이 가시더라고. "아주머니 산책 가세요?" 그러니까 "그저께도 갔다 왔는데 또 가야죠" 이러고 올라가더라고. 그 목을 매신 날이야.

그런데 목을 매신 날은 그 아주머니가 올라갔다가 내려오고, 그 아저씨가 목매달고, 내가 올라간 거예요. 시간 계산해보니까 심폐소생[술]을 해도 됐겠다라는 생각도 조금 들어요. 한 40분밖에 안 나오더라고, 그사이가. 그래서 '아, [심폐소생술을] 했어야 했나?' 그런데 얼굴이, 색이 변해가지고. 자책을 조금 덜어야 될 필요도 있었고, 그런 생각이 좀 들었고. 그래서 아주머니한테 이야기했지. 거기 안 좋은 일 있으니까 며칠만 쉬었다 가시라고. 그런데 그다음 날 유치원 애기들이 유치원 선생님하고 딱 올라가더라고. 말을 해줄 수도 없고 안 해줄 수도 없고, 그냥 지켜만 봤는데. 집에서 언덕이 가까워요. 창문 열면 언덕이 보여요. 걸어서 5분 정도밖에 안 되거든요.

면담자   그럼 더 자주 생각나시겠어요.

성호 아빠   그러니까 계속 보이고. 그리고 집에서 내려오는 복도가 좀 약간 어두워요. 계속 보이는 거야. 그래서 '아, 어떡하지' 그런 일이 한 8월, 9월 그때 있었어요.

면담자   지금은 좀 괜찮으세요?

성호 아빠   네, 세상에서 제일 무서운 일은 자식 시신을 보는 거야.

면담자   그렇죠, 네.

성호 아빠   나머지는 뭐… 며칠 전에 경빈 아빠가 한 이야기인데, 해수부가 그 세월호를 올리면 가족들 또 가서 감시할 거예요. 청소도 같이 하고, 지키러 가고 그럴 건데. "어떻게 보냐. 그 배에 어떻게 들어가냐" 그러니까 경빈 아빠가 그러더라고. "우리 뭐 더 한 것도 봤잖아. 왜 못 갈 거라고 생각해? 하루 이틀 정도 가서 한 두 번 배에 올라가는 그거 일일 거 같애?" 이런 이야기 하는데, 그 말에 공감하는 게 '더한 것도 봤는데, 뭐' 그런 생각이 들어서. 이만큼 큰 돌을 맞아놓으니까 요만한 돌을 맞으면 '맞을 수도 있지. 이런 일이 있을 수도 있지, 뭐' 이렇게 되는 것처럼 아마 그런 감정이 아니었을까? 사람의 죽음을 보는 게, 뭐 목을 매고, 극단적으로 나쁘게 그냥 막말해서 목맨 시신을 보는 게 어마어마한 일인 데도 지금은 또 이렇게 이야기하네. 음… 그런 일이 여름에 있었어요. 8

월? 9월? 그때쯤이었고.

　동거차도 가기 전에… 집사람이 임신을 했었어요. 네, 그래서 2개월이 지나고 나서 태명을 희망이라고 내가 지었는데 어… 2015년 10월 달에, 그 추석 이틀 전인가, 유산이 됐어요. 그때 나도 되게 힘들었거든요. 그래서 추석을 병원에서 보냈어요. 집사람 다시 밝아졌고, 지금은. 그런 상태에서 동거차도 간 거죠. 그때 9월, 10월 이때쯤 간 거니까 추석이 아마 10월일 거야. 그 근방인 거 같은데. 그래서 그것도 이야기하면 전체에 도움이 될 거 같아서.

5
동거차도 감시단 활동

면담자　네, 동거차도에서 감시할 때 이야기 좀 들려주세요.

성호 아빠　동거차도 지금까지 한… 일곱 번? 그 정도 간 거 같고요. 참사 끝나고 애 데리고 안산 올라온 이후에 진도 가는 게 다 힘들어요. 근데 미수습자 있어서 가고 이랬는데. 처음 가는 게 힘들지, 가게 되고 그 사람들하고 알게 되고, 있으면 또 도움이 되는 거 같아서 되게 편해져요. '내가 좀 도움이 되는구나'. 다른 사람이 오는 것보다 유가족들이 오면 저 사람들도 조금 더 편할 거 같아서, 그렇게 가게 돼서 팽목하고 체육관하고 거기가 조금 편했었어요. 처음에 갈 때는 죽기보다 싫었는데. 그다음에 동거차도를 가야 된다고 그러니까 동거차도를 또… 갔죠. 음, 가게 된 목적은 아실 거고.

면담자 　네, 그래도 증언이니까 설명을 좀 해주세요.

성호 아빠 　네, 해수부가 일을 좀 공개적으로 하고, 했던 일, 할 일 이것들을 좀 잘 알려주고, '무슨 이유로 이런 걸 합니다' 정도만 해줘도 저희가 이렇게 할 필요는 없었는데, 참사 초기부터 일관적으로 거짓말, 감추기를 많이 봐왔기 때문에 저희가 신뢰를 못 해요, 해수부 자체를. 지금도 그렇고. 작업한다고 바지선이 위에 올라가고 했는데, 무엇을 했는지 알려주지도 않으니까. 왜냐하면 세월호가 가지고 있는 여러 가지 가치가 있잖아요? 미수습자가 안에 반드시 있다고 믿습니다.

유실된 가족이 분명히 있다고 생각하지만, 참사의 원인을 배가 가지고 있을 것이고, 침몰의 원인을 가지고 있을 것이고, 그리고 우리 아이들이 그곳에서, 어떻게 보면 세월호는 우리 아이들의 무덤이잖아요? 음, 살해 현장이고. 그리고 성호 물건이 한 톨도 안 나왔어요. 하다못해 우리 아들 가방이라도 있을 거 아니에요? 그런 가치도 있어요, 세월호가. 저희에게 주는 가치, 뭐 다른 가족들에게 주는 가치, 미수습자[가족]들에게 주는 가치, 그런 가치들을 가지고 있는 건데, 무엇을 하는지 이야기해 주지 않으니까. '뭐 어떻게 하겠다', '지금 뭘 하고 있으니까 알고 계셔라' 이 정도만 해주셔도 되는데, 해수부는 그런 걸 해주지 않아서 감시를 하러 간 거죠, 도

122

대체 뭐 하나.

실상은 가면 물속을 볼 수 없으니 멀리서 외형적으로 보이는 것들, 시야가 허용하는 범위 안에서만 보고 이렇게 해야 되는데. 가서 몇시에 보급선이 와서 박스를 뭐 여섯 개 정도 옮겼다, 세 명이 옮겨 타고 뭐 내렸다, 그리고 배가 이탈을 했다, 다른 배가 또 와서 어느 위치에 포지션을 잡았다, 통통통통 소리가 들린다, 컴프레서 소리가 들리는 걸로 봐서는 잠수를 하고 있는 인원이 있는 것 같다, 이 정도의 작업, 감시가 가능해요. 네, 그렇게 해서 그것들을 다 일지화하는[일지로 작성하는] 거죠. 인양분과에서는 해수부 쪽에 자료를 받아요, 잠수 일지 내놔라.

최근에도 인양분과 일을 잠시 거들어줬었는데, 그… 해수부가 자료를 제공해요. 잠수 일지랑 그 동영상 자료, 물속에서 작업을 다 찍게 되어 있거든요, 그렇게 계약이 되어 있어서. 그 자료를 보면 우리 자료랑 맞는지 또 크로스체크[비교해서 검토]를 해요. '음, 분명히 뭔가 있었는데? 여기 자료 더 내놔' 할 수 있는 근거가 되기도 하고, 그래서 감시가 필요하다고 생각하고 감시를 잘하고 있어요.

며칠 전에 잠수 일지를 2016년 12월 해수부가 제공한 자료를 제가 잠시 봤었는데, 하루에 일지상에는 동영상이 하나, 둘, 셋, 넷, 다섯 개가 있어. 우리한테 제공된 건 두 개야. 세 개가 없어, 분명히 넘버링이 되어 있는데. 그러면 그런 것도 크로스[체크] 해서 또 '내놔라' 그래야 돼요. 실상 제공한다고 생색은 내고 있는데, 많이 들어내고[제외하고] 이렇게 줘요. 음, 그런[사실을 감추는] 것들 지금도 하고 있거든요, 해수부는. 그래서 감시는 꼭 필요한 거고, 그 목적하에 가서 올라가 있는 거예요. 올라가서 날씨 좋으면 보고, 날씨 안 좋으면 못 보고. 초기에야 뭐 가족 쪽으로 라이트 비추고 그건 뭐, 다 아는 사실이고.

면담자 맞아요.

성호 아빠 〈비공개〉 [해수부가] 좀 클리어[확실]하게 해주면 할 필요 없죠. 그런데 클리어하지 않아요. 아까 시위 이야기하면서 공평하지 않다고 했잖아요. 공평하지 않은 것은 화나는 일이고, 그렇죠? 공평하지 않기 때문에 화가 나는 거고, 그래서 동거차도 가고요. 가면… 막연하게 쳐다보기도 하고요. '내가 왜 여기 왔나. 뭐 할려고 여기, 뭐 얻어먹을 것 있다고 여기 와 있나' 이런 생각도 들고. 날이 맑은 날에는 동거차도 그 텐트에서 바지선이 있으면 그 너머에 제주도가 보여요, 눈으로. 맑으면 눈으로 보여요. 제가 두 번 봤는데, 제주도를. 섬이 큰 게 이렇게 돼 있더라고요. 그래서 마을 형님한테 물어봤죠. 도대체 그건 뭐죠? 이렇게 있던데?

면담자 저도 무슨 섬인지 모르겠더라고요.

성호 아빠 제주도래요. 그걸 알고 나서 또 부모님들이 또… [슬픔에] 잠기더라고요. '아, 기껏 저기에 갈려고…' 그런 생각도 들고… 그래서 동거차도[에] 가는 거고요. 음, 유가족들이 게을러져서 안 가는 사람들이 많아요. 갔던 사람만 반복해서 가고. 영석이 아빠가 11번 정도 갔을 거예요. 5반의 큰 건우 아빠가 한 9번 갔을 거

고. 제가 1등 하려고 했는데 못 했고, 나도 게을러져서. 그래서 동
거차도[에] 가는 거예요. 우리 반 차례 오면 또 가고, 우리 반 차례
아닌데 저쪽 반에 인원이 너무 없으면 또 거기 가서 땜빵 서주고,
운전만 해달라고 팽목까지 운전하고 갔다가 오고, 그러는 거죠 뭐.
가서 날씨가 안 좋아서 안 보이고 그러면 아랫마을에 내려와서 어
민들 도와도 주고, 미역 잘 널어요, 저. 동거차도 주민들이 미역하
고 멸치 농사를 지으시거든요. 그렇게 하시니까 미역 사다가 안산
에 풀고 그런 것도 하고⋯ 그렇게 지내죠 뭐.

면담자   처음에 동거차도에 누구랑 같이 가셨어요?

성호 아빠   처음에 누구랑 갔지? 건우 아빠랑 간 거 같은데. 건
우 아빠랑 둘이 갔나? 건우 아빠랑, 4반 하용이 아빠 갔나 보다. 하
용이 아빠는 작년에 당구장 차리셔가지고 지금은 못 가세요. 계속
손님이 오셔가지고, 그래도 하용이 아빠도 많이 갔어요. 하용이 아
빠가 식물을 전공하셨거든요. 원예가 전공이세요. 산 위잖아요.

면담자   가서 뭐 심으셨나요?

성호 아빠   다 아는 거잖아. 그러니까 이건 먹어도 되는 거, 이
거는 나물, 뭐 이러면 그거 채집해다가 국도 끓여 먹고. 동거차도
에는 자연산 냉이가 참 많아요. 그리고 한겨울에 가도 동백꽃이 피
어 있고. 그 올라가는 길, 가파르고 헥헥거리는데 가다 보면 동백
이 한 군데씩 있어요. 노란 리본도 이렇게 군데군데 달아놨지만,
올라가는 길 보면 겨울인데도 동백이 이렇게 있을 때가 있거든요?

그 분위기가 또 주는 묘한 그런 부분들이 있어요. 자주 가서 익숙해져서인지는 모르겠는데, 또 안락하게 느낄 때가 있어요. 처음엔 텐트 하나 치고 살았는데, 지금은 빅 텐트가 두 개나 더 세워져서 좀 호화 빌라가 돼버렸지만.

면담자   처음엔 화장실도 없고 그랬잖아요.

성호 아빠   네, 화장실을 제가 두 군데 팠으니까. 처음에 팠던 거 다 쓰고, 밑에 또 파고. 그전에는 그냥 삽 들고 화장실 갔으니까. 엄마들이 너무 힘든 거 같아서 큰 걸 팠더니, 처음 큰 화장실을 제가 팠거든요, 차웅이 아빠랑 팠고. 그다음에 이쪽에 지금 쓰고 있는 건 다른 분이 더 크게 또 팠죠. 그렇게 된 거고. 어쩌다가 명절 때, 특별한 날에 이렇게 올라가면 방송이나 또 따라오신 분들이 있잖아요. 언젠가? 작년 설인가? 아닌가?

면담자   오마이뉴스 같이 갔던 거요?

성호 아빠   오마이뉴스가 간 적 있어요?

면담자   네, 오마이뉴스도 한 번 갔어요.

성호 아빠   모르겠는데, 저 갔을 때 무슨 방송에서 와서.

면담자   팟캐스트가 따라간 적도 있었고.

성호 아빠   네, 방송국이 와서 드론을 가져왔더라고. 맞다, ≪경향일보≫[≪경향신문≫]. ≪경향일보≫가[≪경향신문≫이] 드론 가져왔고, SBS가 드론, 두 팀이 같은 날 저랑 들어간 적이 있었어요. 너네들 와서 드론 저기까지 한번 날려봐라, 세월호까지.

면담자   가죠, 제가 보기엔 충분히.

성호 아빠   안 가더라고요.

면담자   안 가요? 음….

성호 아빠   날리기는 그 방향으로 날아가는데 한 1킬로미터 이상 날아가면 신호가 끊어졌다, 떨어졌다 하기 때문에 추락해버린대요. 위험하다 싶으면 되돌리는 거야, 다 못 가더라고. 큰 드론이라도 그렇고 작은 것도 그렇고. 가다가 신호를 줘야 재가 받고 갔다 와서 찍고 하는데, 신호가 끊어진다고. 그래서 한 1킬로미터 정도까지만 날리고 나서 다 되돌리더라고. 그런 거 있었고. 금방 가더라고, 드론 날리니까. 쉭 금방 가버리는데 다 못 가니까.

면담자   아쉽네요.

성호 아빠   응, 그런 일 있었고. 방송이나 취재하러 사람들 오면 가족들보고 자세 잡으라고. 지켜보고 있는 것 좀 찍게요. 그런 것도 연출하고. ≪경향신문≫이 좀 우호적인 언론이잖아요. 그분들이 오셔서 아주 자세를 빡세게 잡아가지고 그랬던 기억이 나요. 조명도 막 비춰가면서 이런 분위기 만들어야 된다고… 개인적으로 되게 싫었는데 ≪경향[신문]≫이라서 참았던 거 같아요. 음, 그런 거 있었고. 그 작년 언제쯤인가? 푼톤[판툰]이 내려간 적 있었죠? 그, 공기 주머니. 크게 해서 푼톤이라고 하는. 판툰인가 푼톤인가 하는 큰 덩어리가 들어가게 됐잖아요. 그게 투입되면서 뉴스에 대대적으로 나왔잖아요. 세월호 인양하기 위해서 푼톤이 들어간다.

면담자   네, 네, 부양한다고.

성호 아빠   그랬잖아요. 제가 감시한 날 푼톤이 박살이 나서 올라왔거든요? 뉴스 안 나오잖아요. 물속에서, (면담자 : 소음이 크게 났겠네요?) 아니요. 이미 다 박살이 난 걸 끄집어 올리는 걸 봤어요. 크레인으로 물속에 있는 뭔가를 끄집어내더라고. 그걸 다 찍어놨는데, 아무리 봐도 뭔지 모르겠는 거야. 그래서 인양분과하고 사진 찍은 걸 돌렸죠. 이런 게 나왔다, 이게 뭐냐. 그거 일주일 전에 넣었던 푼톤 같은데? 이렇게 된 거야. 박살이 나서 올라온 건 뉴스에 한 줄도 안 나왔잖아요. 푼톤이 박살이 나서 나오고.

세월호에 지금 끊어버린 데가 상당히 많잖아요. 크레인도 끊어놓고, 굴뚝도 끊어놓고, 계단도 끊어놓고, 닻도 끊어놓고. 그렇게 끊은 데가 10여 군데가 되고, 구멍 뚫은 게 한 100개 정도 되고, 창문 다 열려 있으니 지금 한 200개? 300개? 정도의 구멍이 나 있는 거예요. 그런 상태로 있는데, 1년이 넘도록 그 유실 방지망 없이 그냥. 해수부는 "인양의 목적은 미수습자 수습이다. 그 이외의 가치는 없다"라고 했거든요. 그런데 1년 동안 펜스도 안 둘러놓고 구멍 뻥뻥 뚫린 채로 그냥 뒀잖아요. 앞뒤가 안 맞는 거지. 공평하지 않은 거죠. 그래서 계속 가는 거예요. 또 뭔 거짓말을 하나.

면담자   동거차도에서 특별한 사건이나 기억에 남는 일은 없

성호 아빠 최경덕

으셨나요?

성호 아빠   제주도를 봤던 게 [기억에 남고요]. 그리고 동거차도 감시 갔을 때 성호 생일이 한 번 왔어요.

면담자   6월 23일이죠?

성호 아빠   네, 생일이 한 번 왔었던 거 같고, 작년 6월인가 보다, 올해 6월은 아직 안 왔으니까. 그때 거기 있을 때 생일이 와서 태블릿 하나 켜놓고 초코파이 해서 [생일을 축하]했던 게 기억이 나는데, 그때 JTBC의 오×× 기자가 올라왔었어요. "자기가 개인적으로 휴가인데 와야 될 거 같아서 여기 왔다"고, "이틀만 있다 가면 안 되냐"고 그래서 그러시라고. 나는 그 사람이 누군지 몰랐어요. 그, 야당반장 하다가 지금은 뭐 팩트체크? 그거 하는 분이더라고, 오×× 씨.

그때 오×× 기자를 처음 봤죠. 그분도 뭐 어떤 피해자의 가족이더라고. 이야기를 나눠봤는데, 그렇더라고. 아픔이 있는 사람이 아픔을 안다라는 생각도 들었고, 그때 그 사람이 JTBC 소속이라는 것도 처음 알았고, 나는 처음 봤으니까. 그때 애 생일이었고, 초코파이[로 기념하고] 그랬고… 그다음에 동거차도를 가면 갈 때마다 멤버들이 좀 바뀌니까, 또 많은 시간을 거기서 보내야 돼요, 강제적으로. 감시 활동은 한 명밖에 못 해요. 왜냐면 렌즈를 봐야 되니까. 육안으로 보고 "어! 저기 배 오네요" 그러면 돌리거나 이거[는] 되지만, 감시는 한 명밖에 못 하거든요.

거기서 시간을 보내기 위해서 여러 가지 노력들을 하죠. 밑의 마을 분들하고 친하게 지내서 마실을 다니시는 분도 계시고, 주변에서 채집을 계속하시는 분도 계시고, 지형지물을 파악하기 위해서 계속 넘어갔다 넘어왔다 하시는 분도 있고. 또 앞쪽으로 내려가서 예전에 거기 벼랑에다 플랑[플래카드] 붙였거든요? 그거 찢어진 파편들하고 초창기 때 그곳에 텐트를 쳤던, 자는 데 아직도 있어요. 돌 틈에 다 있어요. 끄집어내는 게 너무 힘들어서 그대로 있어요, 아직.

면담자   너무 힘드니까.

성호 아빠   그때 처음 둔 텐트들, 이불들, 소원 빌었던 초들, 이런 것들도 있고. 그런 것들이 밑에 있고, 우측으로 넘어가면 완전히 돌로 된 산이 동거차도에 붙어 있는데, 거기엔 독수리가 세 마리 살더니 지금은 다섯 마리가 됐어요. 그래서 제가 독수리 오형제라고 부르는데 그런 애들도 있고. 고양이가 자다 보면 텐트에 들어와 있어요. 네, 처음엔 텐트 하나였다고 했잖아요. 고양이가 텐트에 들어오고 나서 진드기가 생겨가지고 막 계속 긁게 되고 그래서 지금은 아래 그 ××이 형님 집에 진돌이라고 개가 한 마리 있는데, 그놈이 오고 나서 고양이가 다 숨어버렸어요. 진돌이가 자주 올라오거든요? 그런 거. ×× 형님 따라갔던 것들, 미역 널어준 일들… 그리고 토종 고래 세, 세쾡이? 삼쾡이[상쾡이]? 토종 고래가 삼쾡인가요?

성호 아빠 최경덕

면담자	모르겠어요.

성호 아빠   토종 고래가 마을 어민 그물에 걸려가지고 죽은 거예요. 그거 삶아놨다고 먹으러 오라고 그래서 고래 먹던 것도 기억나고요.

면담자	죽어서 잡으면 위법이 아니니까.

성호 아빠   뭐, 위법인지 아닌지는 모르겠지만 파출소장이랑 같이 먹었어요. 그 있잖아요. 처음엔 통통하신 분이었는데, 내가 알기로는 세 번 바뀌었어요. 그냥 노멀하신 중년, 그리고 통통하신 분, 그리고 지금. 저희들 탄 배가 들어가면 지금은 그러지 않는데, 초반에는 항상 나와서 몇 명이 오나 세고, 나갈 때 몇 명이 나가는지 인원 체크도 하셨던 분 있어요. 작년 한 10월? 그 정도까지는 들어갔다가 나오는데 여객선 타고 나올 경우도 있잖아요? 그리고 보통 배를 임대해서 들어갔다 그렇게 하는데, 여객선 타고 한두 명씩 나와버리면 인원 체크가 안 되잖아요, 이 사람들이. 그러면 전화가 왔어요. "몇 명 들어오고 몇 명 나가셨죠? 좀 알려주세요" 이렇게 해경이 전화 와요. 그럼 "몇 명 들어왔고, 몇 명 나갔고, 지금 현재 몇 명 있다" 이렇게 이야기해 줘요. 그분들도 시켜서 하는 거니까. "몇 명인지 좀 알려주시고요" 이렇게 전화가 와요. 그렇게 계속했었던 거 같고.

그 마을 분들이 참사 때문에 수색 관련해서 상당 기간 현업을 못 하셨잖아요. 그래서 배·보상이 그분들한테도 행해져야 되고.

배·보상 신청하고 하는 과정에서 어떤 브로커들이 농간을 부려서 피해를 보신 어민들이 많아요. 그 와중에 해수부가 또 거기에 개입해서 '유가족들 도와줘라'라는 의견을 가지신 분도 있는 반면에 해수부 쪽에서 '유가족들 도와주지 마라'[고] 이장한테 압력을 넣어서, 〈비공개〉 그런데 계속 들어가는 저희를 보고 지금은 크게 뭐라 하시진 않아요. 위쪽에서, 텐트에서 발생하는 쓰레기까지 다 전용 넣어서 지금은 뭍으로 가지고 와요.

면담자 아, 그냥 가지고 오세요?

성호 아빠 네, 마을에서 쓰레기 모아놓는데 저희가 많이 넣어버리면 볼륨 차지하니까요.

면담자 하나밖에 없더라고요.

성호 아빠 네, 깡통 하나 있는데 우리가 많이 넣어버리면 또 공간 없다고 하실까 봐 지금은 담아서 쓰레기를 다시 들고 배 타고 나와요. 팽목에서 처리해요. 그렇게 하고 있고… 동거차도는 그 정도예요. 거기 하나 더 붙이자면, 지난주 월요일 날 진상분과장이랑 해수부하고 만났어요. 해수부 만나서 여러 가지 이야기를 했는데 〈비공개〉 해수부 이×× 과장하고 박×× 서기인가? 이렇게 진상분과장이 만나고 왔는데 해수부 이×× 과장이 '4월 말까지는 인양을 자신한다'라는 태도를 보였어요. 왜 그런지는 모르겠는데, 지금까지 만나서 이야기하던 그 어조랑은 [달랐어요]. '4월 말까지는 무조건 인양됩니다'라는 식의 이야기를 했죠.

그래서 곧 바빠지지 않겠느냐라는 생각이 들고요. 4월 중순까지 팀을 또 만들어야죠, 우리가. 올라오면 감시해야죠. 손을 댈 수도 있고, 조사한다고 올라가면 배가 크기 때문에 한 팀이 올라가진 않을 거라고요. 수십 팀이 올라가야 될 거고, 그런 것들이 있기 때문에 가족들도 준비를 시작해야 될 거고요, 4월 말까지 인양한다고 자신을 하니까. 그렇게 갑자기 자신하는 거에 대해서도 또 좀 불안한 마음이 들어요. '이놈들이 손댈 거 다 댔다는 이야기구나' 그런 생각이 들어요. 왜? 구멍만 100개 이상 뚫어놨으니까.

면담자　　　2016년은 한 건만 여쭤볼게요. 2주기 당시 기억식과 범국민촛불문화제에 참석하셨다고 하셨죠? 그때 상황을 좀 말씀해 주세요.

성호 아빠　　　그거 어디서 했었죠?

면담자　　　여기 안산에서도 하고, 광화문에서도 했어요. 저는 안산에서 참여했다가 광화문으로 갔거든요.

성호 아빠　　　아, 그 행사를 제가 준비했었죠. 그 행사 스케줄 짜는 거를 안산에 위성태 씨하고 그… 민노총인가? 그분하고. 박성연 씨도 좀 같이 이렇게 했었던 거 같고. 그때 그 행사, 가만 있어봐. 이게 2016년인가요?

면담자　　　네, 2016년 2주기 기억식.

성호 아빠　　　아니요, 이건 제가 안 했어요.

면담자   아, 그건 안 하셨어요?

성호 아빠   제가 안 했고.

면담자   그때 참석했다고 하셔서.

성호 아빠   참석했는지 안 했는지 모르겠는데? 무슨 일이 있었
는지 이야기해 주면, 아! 그랬구나 [생각날 거 같은데] 잘 모르겠어
요, 했는지 안 했는지.

6
전국 간담회, 안산 대시민 선전전

면담자   그럼 잘 기억 안 나는 부분은 건너뛰고, 하신 활동
간단히 여쭤볼게요. 2014년부터 전국 간담회에 참석하셨죠?

성호 아빠   많이 다녔죠.

면담자   그거에 대해서 말씀 부탁드려요.

성호 아빠   서명[운동] 끝나고 2014년도 하반기? 그리고 2015년
하반기[에] 간담회 많이 다녔고요. 뭐 가장 많을 때[는] 하루 네 번
[도] 간담회 갔었고요. 적으면 한 군데? 그 정도 했었고, 한 달에 많
으면 한 70, 80군데 이렇게 갔었고. 부르면 어디든지 가자, 그 간담
회를 하는 목적이 언론 매체에 대한 불신도 있었지만 '가서 듣고자
하는 자에게 많이 이야기해 주자, 우리 입으로 직접 이야기하자'라

는 취지로 시작을 했고, 부모님들 같은 경우에 말을 잘하시는 분이 그렇게 많지는 않잖아요. 그래서 늘 하는 분만 또 하고, 마이크만 보면 울렁증 생기는 분들이 많아서 엄마들 같은 경우는 '가서 아이 이야기만 하고 오자, 딱 당시의 일과 아이 이야기만 하고 오자' 그렇게 했고.

저 같은 경우는 서명전도 했었고, 그래서 이것저것 일반인들이 잘 모르는 부분의 이야기를 꺼낼 수 있는 게 좀 많아서 다녔고요. 뭐 정읍도 갔었고, 대전도 갔었고, 춘천도 가고, 카이스트도 가고, 포항공대도 가고, 어지간한 데는 다 가본 거 같고요. 제일 길게 움직였던 건 춘천 갔다가 전남 광주로 가는 걸 당일에 소화한 적도 있어요. 또 무슨 노조에서 어떤 행사를 하는데 짜투리[자투리] 시간 잠시 활용해서 한마디 하러 오라면 그런 것도 있었고, 한 4시간 달려가서 5분 말하고 돌아온 적도 있고. 그때는 좀 서운하죠.

어떤 강연을 하는 사람이 아니고 내가 가슴속에 있는 이야기를 꺼내놓는 거라서, 한 번 정도는 그럴 수 있는데요, 그런 걸 하루에 네 번 한다고 그러면 안 되더라고요. 한 번이나 두 번 정도는 이렇게 이야기하면서 속에 있는 이야기 하고, 그렇게 하면 내 이야기도 충분히 전달이 되는 것 같고 감정이 전달이 되는 것 같은데, 세 번, 네 번 이렇게 하니까 말이, 아니 감정이 안 나와요.

감정을 기반으로 해서 나오는 말인데, 이게 말하는 기계도 아니고, 내가 전문 강사도 아니고 그런데, 세 번, 네 번 막 잡힐 때는 '그렇게라도 열심히 다녀야겠다'는 처음 생각으로 무조건 '나 갈래,

나 잡아줘, 나 여기 끝나고 거기로 넘어갈게' 이렇게 해서 막 일정을 짰었는데, 어느 순간 감정이 없는 거예요, 내가 말을 하고 있는데. '이건 아닌 것 같다, 무슨. 개수를 좀 줄여야겠다' 그렇게 생각하고 한참 많이 다닐 때 같은 경우는 한 달 달력을 꺼내놓으면 하나도 틈이 없었어요. 쉬는 날이 없는 거야. 그러니까 간담회를 쉬는 날이 없는 거야.

그때 많은 분들을 만났죠, 전국에. 좀 기억나는 분들을 이야기한다고 하면 정읍 팀들, 농민들로 구성이 됐었죠. 그리고 대전 풍남문, 거기서 그 대선 조작 때문에 텐트를 치셨던 분인데, 세월호가 터지면서 같은 걸 이슈로 이렇게 지금도 텐트 치고 계신, 풍남문에 세 번 갔구나. 한군데만 세 번 갔었고, 거기가 특별히 좀 기억에 남고요. 풍남문에 가면 또 돼지 농사를 지으시는 분이 공동 리더 중에 한 분이신데, 그분 보면 자주도 [서울에] 올라오시고, 무슨일 있으면 광화문에서도 이렇게 뵙고 "우리 국밥 한 그릇 같이 합시다" 그래서 한번 밥도 먹고 그랬는데, 그런 분들 기억나고요. 고맙죠, 이렇게 불러주면.

그리고 또 가족들이 간담회 온다고 그러면 더 준비를 해주시려고 하잖아요. '누가 갑니다' 그러면 '누구 아빠' 이렇게 적어놓고 하시는데. 아, 정읍은 저랑 박성호 엄마가 갔어요, 5반에. 둘을 부부로 착각하시고(웃음) 박성호 엄마 정혜숙 씨를, 최경덕 씨 와이프로 만들어놨더라고. 괜찮아, 그런 경우 많으니까. 웃었죠. 건우는 더 많은데요, 뭐. 5반만 둘인데, 그러니까 누구 아빠가 저기 가 있고 막 이렇게 돼요.

면담자   하긴, 5반 건우 그러면.

성호 아빠   응. 그러니까 8반에서 찾아야 될 애를 5반에서 찾고 있고 막 그래요, 그런 경우 생기고. "그때 뵜었잖아요?" 이야기했는데 "작은 건우 아빠시군요" 이러고. 간담회 많이 다녔고, 음… 2015년, 2016년 1월까지 제가 활동을 했었어요. 공식적으로 가족협의회에서 간담회 많이 잡았으니까 갔었고. 2016년 1월에 미국 간담회 갔다 왔어요.

뉴욕 세사모[세월호 사고를 잊지 않는 사람들의 모임], 뉴저지 세사모 쪽 분들이 불러주셔 가지고 그때는 5반 작은 건우 아빠랑 저랑 같이 갔었고. 거기… 안산시장이랑 같이 갔었어요. 안산시장이 무슨 환경포럼이 있어서 거기 갔다가 뉴욕에 넘어와서 911센터를 보는[방문하는] 스케줄을 만들었더라고요. 그래서 '같이 가자' 된 거야. 저랑 작은 건우 아빠랑 같이 가자. 그때 심리생계분과 끝 무렵이기도 했고, 조사 쪽에 관심도 있었고. 같이 간 김에 시장이 여기저기 다닌다고 내가 따라다닐 필요는 없잖아요? 간담회나 해야겠다(웃음).

우리가 온다는 걸 알고 세사모에서 몇 분 오셨더라고. '간담회 합시다' 이래 가지고 간담회를 잡았어요, 거기서. 그래서 뉴욕 간담회를 했었죠. 가서 제가 제안을 했고 건우 아빠랑 저랑 그렇게 간담회를 하고, 안산시장하고 시장 수행원들 같이 또 참석해서. 그때

137
•
3회차

간담회가 좋았었던 거 같아요. 나름 또 이렇게 막 써가면서, 제가 알아보기 쉽게 막 그리고 그랬고. 시행령 설명해 드리고, 배·보상 이야기해 드리고, 가족들의 지금 상태 이야기하고. 앞으로 뭘 해야 되는지 그런 이야기도 하고. 상당히 좋았던 거 같아요, 그 멤버들. 어, 또 가고 싶네.

면담자　　　그럼 간담회 다닐 때는 다른 부모님들이랑 동행하거나, 주로 다니시는 분이 있었나요?

성호 아빠　　　음, 늘 가는 사람들은 가는데, 저 같은 경우는 저 혼자, 또는 한 명 정도 같이 그렇게 가고요. 그러니까 거기서 막 섞이기도 하고. 근데 두 명이나 세 명 정도의 구성이 제일 많았던 거 같아요, 제가 열심히 다닐 때는. 그렇게 가고. 노조나 이런 거 갈 때 말하는 투나 이런 것들이, 또 대안학교 같은 데서 말하는 게 다르고. 조금씩 패턴이 바뀌죠.

가장 힘들었던 건 그 간담회 초창기 갔을 때, 2014년도 한 9월, 10월? 그때쯤이었던 거 같은데, 마포에 성미산 있잖아요. 거길 갔었어요. 거기 좀 넓은 강의실? 도서관? 그런 데였는데, 이렇게 쭉 앉아서 네 명 정도가 있었어요. 엄마들 셋하고 저하고 네 명이 있었는데. 간담회를 하러 갔는데 애들이 막 들어오는 거야, 애들이. 요만한 애들부터 시작해서 초·중·고생으로 한 80퍼센트를 채워버리고 어른들은 뒤에 서 계시더라고.

간담회라는 걸 해본 게 몇 번 안 됐을 땐데, 애들이 앞에 조용히 앉아 있는 거예요. 말을 못 하겠는 거야, 힘들어서. 그때 양해를 구하고 그걸 안 했어요. 제가 너무 힘들어서 그런다, 애들이 앞에 있어 못 가겠다. 그때 애들 보는 게 힘들었거든요. 애들 보는 게 힘들때라, 간담회 중에 가장 힘든 게 성미산 그거였어요. 나중에 주최하셨던 분 따로 만나서, 다시 만났을 때 죄송하다고 여러 번 말씀드리고. 그쪽에서는 또 "준비가 미흡했던 거 같아 죄송하다" 그러고. 뭐 그땐 제 마음이 허락을 안 했던 거죠.

그때 또 우리 반 엄마들이랑 갔었거든요. 휘범이 엄마, 뭐 이런 엄마들이랑 갔었는데, 애들이 막 앉아버리니까. 거리도 또 가까워요. 1미터 앞에 앉혀가지고 쫙 채워버리니까 '어우, 막 숨이, 막' 이러더라고. 그게 제일 힘들었던 간담회였고. 나머지는 뭐 수많은 발언들, 간담회, 종교 단체도 많이 갔고. 그리고… 종교 수장들도 많이 만나러 갔고. 국회도 많이 갔고. 국회의원들도 많이 만났고. 정의화 몇 번 찾아갔고.

그리고 여당도 찾아갔고, 야당도 찾아가고. 한가지죠, 뭐. 좀 더 적극적으로, 그런 사람들 만나면, 좀 더 적극적으로 귀 당이, 귀 종교가 좀 더 적극적으로 해주면 안 되겠느냐? 그대로 방치할 건가? 이 정도로 당신 만족하느냐? 우리는 덜 끝났다고 생각한다, 시작도 안 했다고 생각한다, 뭐가 밝혀졌느냐, 그런 걸 호소하러 다녔었고요. 시민들한테 가서도 같은 내용이죠. 이렇기 때문에 우리는 계속 이렇게 하고 있다.

진주 쪽에 갔을 때 간담회를 들어오신 분이 저한테 질문을 한

게 기억이 나는데, "그래도 안 되면 어떻게 할 거냐"고 그러더라고요. "이 정도밖에 안 되는 나라, 원래부터 이런 나라였고, 계속 앞으로도 이 모양이면, 그래도 안 되면 어떻게 할 거냐"고 묻더라고요. 한 30초의 망설임 후에 제가 다시 되물었어요. "그럼 그만둘까요? 제가 그만두고 살 수 있겠어요? 분해서?" 그렇게 되물었던 기억이 나요. 그리고 눈이 펑펑 내리는 날 간담회를… 정읍인가? 그쪽에서 하고 부산으로 넘어가는데 안개가 껴가지고 앞이 안 보이는 거예요. 그래서 몇 번 죽을 뻔했던 기억도 나고.

면담자   그렇게 위험한데….

성호 아빠   약속은 했으니까 가야죠. 그때 부산 가서 지하철노조 갔다가, 저기 또 철도노조인가 거기 갔다가, 그 부산 두 군데를 가고 저녁때는 경성대학교? 거기 가서 하고. 뭐 하여튼 여러 식으로 조인[결합]을 많이 했었던 거 같아요. 또 4·16연대 쪽에서 많이 연계를 해주셨고, 우리도 더 다니자고 했었으니까. 지금도 간담회 계속되고 있고요.

2015년도 후반, 2016년 초쯤에 느낀 건데 간담회를 많이 다녔잖아요. 안산에 대해서는 방치를 하고 있었던 거 아닌가라는 자책을 좀 해봤어요. 어차피 우리가 안산에 더 많이 있어야 되고, 안산이 좀 베이스 기지 같은 그런 역할이라고 생각을 했는데, '안산에 대해서는 부모님들이 많이 투자를 안 한 거 같다', 추모공원이나 이런 것들 보면 안산의 동의가 있어야 되는 부분들이 많은데 '안산을 좀 더 열심히 했으면 좋겠다', 그래서 안산 팀을 또 하나 만들었죠. 안산만 다니겠다는 엄마들도 또 계셔서가지고. 호성이 엄마, 뭐 예은이 엄마 이렇게 있었는데. 음, 큰 성과는 못 냈던 거 같아요.

얼마 전에 지난주죠? 지난주도 그 추모공원 관련해서, 추모 시설 관련해서 공청회 그런 걸 열었었는데, '봉안 시설, 주거지에서 떠나라' 막 이런 식으로 의견들이 많이 나와서 난항이 예상되는 상황이에요. 추모분과장, 지금 성빈이 엄마 머리 아플 거예요. 그런 와중에 서울시청 3층에 가면 추모 공간이 있어요, 거기에 그 뭐야 박사모들이 몰려와서 땡깡을[생떼를] 부리고 있어요, 지금. 와서 행패 부리고, 그런 상황이고. 그 서울시청 3층에 있는 건 유민이 아빠가 추모분과장이었을 때 만든 거예요. 유민이 아빠가 추모분과를 하다가 광화문에 다시 내앉으면서 추모분과 일 못 하게 됐죠. 그때 만들었었는데, 지금 박사모들이 몰려와서 땡깡을 부리고 있어요. 일주일에 한두 번 정도, 한 10명씩 와서 행패를 부리고 있어요. 서울시청 직원들이 아주 곤욕이라고 그러더라고. 알고 계십니까?

면담자　　　박사모가 서울 시청 추모공간에서 그렇게 생떼 부리는 건 몰랐어요.

성호 아빠　　지금, 한 네 번 정도 왔어요. 네 번, 다섯 번.

면담자　　　그런 게 [기사가] 전혀 안 나오잖아요. 직접 가보지 않으면 모르니까.

성호 아빠　　둘, 넷, 여섯. 여섯 번 정도 왔겠다. 예전에 기억저장소 초기에 계셨던 심×× 교수님, 기억하십니까?

면담자   아니요.

성호 아빠   심×× 교수님이 분향소 쪽에서도 자료 수집 관련해서 전문이시고. 그분이 특조위에 가 계시다가 특조위 지금 해산되면서 서울 쪽하고 그런 쪽으로 좀 주로 보시는데, 연락이 왔더라고요. "박사모들이 몰려옵니다, 아버님 어떻게 할까요?" 추모분과한테 일단 내용은 전달을 했어요. "지켜야 될 장소 중에 한 곳인데 잊혀지고[잊히고] 있다. 그 장소 우리가 열자고 해서 연 거다. 그거 가족협의회에서 만든 건데, 서울시청의 제안도 있었지만. 그런데 지금 박사모가 몰려온다". 사방으로 공격받고 있어요.

면담자   그럼 거기도 시민들이 많이 가보는 게 좋겠네요.

성호 아빠   많이 가면 갈수록 그 자리를 유지할 수 있는 근거가 되는 거죠.

면담자   조만간 가봐야겠어요.

성호 아빠   3층. 서울시청.

면담자   네, 서울시청 3층이요.

성호 아빠   서울시청 앞에.

면담자   맨날 그 앞에만 갔지 올라갈 생각은 못 했어요.

성호 아빠   마당에 지금 박사모가 텐트 쳤잖아요. 그러니까 마실 갔다 오기 좋은 거리잖아요.

면담자　　　그렇죠. 광화문으로 옮긴 다음에 서울시청을 박사모가 접수한 형국이라.

성호 아빠　　기억의 방이 3층에 있어요.

면담자　　　아, 저는 기억의 방은 여기만 와보고 서울시청에는 한 번도 안 가봐서… 가봐야겠어요, 조만간.

성호 아빠　　그렇게 되어 있어요.

면담자　　　가서 큰소리로 떠들어줘야겠어요. 그럼 매주 금요일 안산에서 대시민 선전전 하신 기억을 좀 말씀해 주세요.

성호 아빠　　피케팅하고 뭐 나눠주고 그런 것들인데, 거기는 그렇게 많이 가는 식은 아니었어요.

면담자　　　네, 특별하게 기억나는 건 없으세요?

성호 아빠　　그때 중앙동 쪽에, 역 주변으로 좀 갔었고. 그다음에 동명상가 쪽 거기서 피케팅을 좀 했었고. 근데 최근에 너무 많이 뜸해져서 제가, 그건 좀 부끄러워요, 이야기를 하기가. 다른 열심히 나오시는 분들, 『금요일엔 돌아오렴』 안산 선전전 같은 경우는 4반의 범수 아빠가 꾸준히 하고 계세요. 다리가 몹시 불편하신 분이고, 수술을 수차례 하신 분이라 멀리는 못 가시지만 안산 선전전 하면 항상 가세요, 4반의 범수 아버지. 몸이 되게 크세요. 그분 보면 항상 금요일 날 중앙동. 지지난주에 뵀죠, 거기서 봤는데. 또 하고 계시더라고.

면담자   안산시민 반응이나 분위기는 다른 지역이랑 좀 다른
가요?

성호 아빠   비슷한데 조금 나아요, 다른 데보다는. 제 느낌은 조
금 나아요, 안산이. 안산을 뭐 100점 만점은 아니지만 한 80점 정
도 준다면 서울에는 70점. 저 양산이나 부산 그쪽은 50점. 음 전라
권 같은 경우는 한 75점. 전라권이 조금 낮고요, 순위를 굳이 매기
자면 안산, 전라권, 서울, 경남권. 이렇게 줄 정도. 그 정도의 반응
이, 만족도가 오더라고요.

7
국민 성금, 재판 참관

성호 아빠   가족들의 비리를 좀 들추는 걸 해볼까요? 그것도 재
밌는데? 어, 이야기했는지 모르겠는데요, 그… 국민 성금을 수령할
단계에서, 이야기했나 모르겠다.

면담자   국민 성금 이야기 조금 하시긴 했는데.

성호 아빠   2015년도 9월경에 그걸 받았었잖아요.

면담자   그즈음에 일반 유가족 분들도 접촉이 시작되고요.

성호 아빠   응, 접촉이 있었다고 이야기를 했고. 그때 성금을 받

기로 결정이 나고, 성금을 신청하는 방법이 신청서를 써서 사랑의 열매 측에 보내면 공동모금회[사회복지공동모금회], 거기 쪽에서 이렇게 배분을 해주는 방식이었는데, 한 부모 가정들이 많잖아요. 상당히 많아요. 50가구 이상, 이렇게 되니까. 한국 평균치가 그거예요, 몰랐는데. 따로 계신 아빠와 엄마가 있잖아요. 근데 성금을 신청하긴 해야 되잖아요. 이 사람은 키웠고, 이 사람은 안 키웠어요. 그럼 성금이 예를 들어 100원이 나오면 이걸 어떻게 안배해 줄 것인가 문제가 생기죠. 분쟁이 생기잖아요. 5 대 5로 하자. 심플한 방법. 내가 좀 키웠으니까 6 대 4 하자.

그런데 동의를 안 할 수도 있잖아요, 반대쪽에서. 분쟁이 생기고 그래서 모금회에서 한 게 합의서예요. 두 사람이 합의해 오면 합의서 비율만큼 딱 해서 줄게, 너네들이 먼저 합의해 와. 아니면 재판을 해야 되니까. 그런데 그 과정들을 제가 다 지켜보고 있었잖아요. 합의서를 전달하는 것도 내가 해야 되고, 모금회 쪽으론 내가 창구였으니까. 그 속에서 나쁜 아빠와 나쁜 엄마를 내가 다 봤어요. 그게 어쩔 수 없는 인간의 모습이지만, 음… 아, 저 나쁜 아빠를 위해서 내가 뭔가를 해줘야 하나? 저 나쁜 엄마를 위해서 뭔가를 해줘야 하나? 어떻게 부모가 저럴 수 있지?

가족협의회 사무실에 있으면 두 사람이 와요. 따로 살던 두 사람이 같이 와가지고 "합의서 양식 좀 뽑아주세요" 이러면 내가 뽑아줘. 그러면 이 둘 중에 나쁜 사람이 덜 나쁜 사람한테 "빨리 써. 그렇게 쓰면 돼. 쓰라니까" 싸우기도 하고. 그런 것들을 좀 봤어요.

인간이… 100점만 맞는 사람들만 모여 있는 집단이 아니잖아요. 학급을 봐도 많이 좀 퀄리티가 떨어진다거나 약간 나쁜 심보를 가진 애들도 있고, 너무 선하디선한 애도 있잖아요. 그런 것들을 또 이렇게 보면, 제가 아주 나쁜 사람은 아니었던 거, 보통적인 사람이라고 생각하는데요. 물론 이기적인 것도 되게 많아요. 순간순간 이기적인 거 막 튀어나오니까, 나 오늘 어땠으면 좋겠다란 생각이 막 튀어나오니까. 늑대도 들어가 있고, 양도 들어가 있고, 천사도, 악마도 들어가 있는데.

그런데 막상 그걸 현실에 부닥쳐서 이렇게 다툼이 생기는 걸 보고, 한쪽이 또 다른 한쪽을 강요하는 것들을 이렇게 보자니, '아휴… 이걸 저 사람을 내가 도와줘야 하나? 앞으로 내가 저런 나쁜 사람을 어떻게 돕지?' 거기서 또 음, 많이 힘이 빠졌어요. 내가 생각하는 그 범위 밖에 계신 분들이죠. 너무 순한 사람도 있어요. 너무 바보 같은 사람도 있고, 너무 사악한 사람들도 있고. 그래서… '그게 참 어렵다. 정치나 뭐 중간에 서야 되는 사람 참 어렵다' 그런 생각 많이 들었고. 교회도 그런 사람 있죠?

면담자   그럼요, 교회도 집단인데요.

성호 아빠   집단이고, 나름 안에서 분쟁이 있고, 협의가 있고, 정치도 있고. 그래서 나쁜 이 부부 관계를 보니까 막 강요해서 합의를 만들어내더라고요. 음, 그래서 (한숨) 거기서 많이 실망을 느꼈어요. 너무 착한 사람도 많이 봤고. 그리고 가족들 이렇게 보면,

음… 참사는 이미 결과물이잖아요? 그 결과물로 인해서 어떤 다른 걸 얻으려고 하는 사람들도 봐요. 그런 걸 보면 조금 서글프죠. 무슨 부귀영화를 누리겠다고. 썩으면 잘 태워버릴 건데, 죽으면. 그런 사람들도 조금 봐요.

면담자 　　해외 지역 방문하신 건 말씀해 주셨으니까 넘어가고, 재판 참관하신 부분은 어땠어요?

성호 아빠 　　재판 [얘기]할 거 없는데?

면담자 　　온마음센터나 심리생계분과장 활동 이야기 조금 더 해주시면 될 것 같아요. 이 이야기 계속하셔도 돼요, 아버님.

성호 아빠 　　어디까지 이야기했죠?

면담자 　　여러 사람을 봐서, 나쁜 사람도 있고 좋은 사람도 있는데….

성호 아빠 　　꼭 유가족 집단만 아니고 다른 데도 그렇겠지만. 대한민국도 그런 사람들로 섞여 있고, 진보도 섞여 있고, 보수도 섞여 있고. 그러니까 그게 또 여럿일 수도 있겠다. 그런데 너무 싫은 부분들이고, 또 싫다고 해야 내가 좀 숨[을 쉬고], 시원해지니까. 그런 분들을 좀 봤어요. [심리생계분과장을] 오히려 기회로 삼아서.

면담자 　　네, 그걸 이용하시려는 분들.

성호 아빠 　　기회로 삼아서 뭔가 다른 걸 얻으려는, 그런 모습도 좀 보고요. 아직도 그런 모습을 가지고 있는 사람들이 있어요. 그러지 않는 사람도 있고. 음….

면담자   세상에 참 다양한 사람이 있죠.

성호 아빠   슬퍼요, 그런 걸 보면.

면담자   재판 과정에서 특별히 기억나는 일은 없으셨어요?

성호 아빠   선고할 때 광주에 가서 첫째 재판인가? 그때 법원에서 펑펑 울었던 거 기억나고. 참사 나고 해외 언론에서 저희 집에 많이 왔었어요. 오스트리아에서도, 호주에서도 오고. 오스트리아가 아니고 오스트레일리아구나. 호주에서도 오고, CNN도 오고, 그런 거 좀 했었던 거 같고. 광주법원에 CNN 따라와 가지고 인터뷰했던 기억나고. "I'm sorry, I'm very sorry"를 개인적으로 미안하다는 줄 알고 "왜 네가 그런 소리를 하냐" 그러고 싸웠던 거 같고. 음, 짧은 영어로. 그랬는데 지금 인터뷰하면 조금 더 잘할 수 있지 않을까, 조금 더 차분해졌으니. 그런데 그때 그 감정은 남겨야 할 것 같고.

면담자   그렇죠.

성호 아빠   법원 재판에서 느끼는 건, 딱 그거죠. 해수부를 보는 거랑 비슷한 경험이죠. 아무도 잘못한 사람은 없다고 그래. 그런데 결과는 최악이야. 그럼 누가 잘못했지? 그걸 계속 느껴왔던 거고요, 그 진상 규명에서 '왜?'라고 하는 것과 똑같은 거예요. 결과론으로는 최악으로 나와 있어. 그런데 아무도 잘못한 사람이 없다고 그래. 책임자는 없다고 그래. 그럼 누가 잘못했는데? 니들 다가 공동

성호 아빠 최경덕

책임이야? 공동 책임은 무책임이에요. 책임은 한정 지어줘야 해요. 제가 살아오면서 느낀 건 그거예요. 책임을 분명하게 지워주지 않으면 무책임이 돼요.

그리고 공동 책임도 책임 없는 거예요. '야, 화장실을 청소하는 건 홍길동이가 해' [그렇게 지정해 줘야지] '야, 청소 그냥 니들 알아서 해' 이건 무책임이에요. 공동 책임은 무책임이라는 생각을 내가 가지고 있거든요? 현대제철에 들어가면 거기에 써놨어요. 공동 책임은 무책임이라고. 응, 그 가장 합리적인 거야, 쉽게 말해서. 명확하게 지어주면 돼. 그런데 "너네들, 너네들에서 이만한 나쁜 일을 가져왔어" 물어보면 "저는 안 했고요. 저는 그거랑 무관했어요" 책임은 없다 그래, 전부 다. 봐, 공동 책임은 무책임이잖아.

면담자   그래도 다 처벌받아야 되는 거 아닌가요?

성호 아빠   공동 책임이니까 한꺼번에 다 묶어야지.

면담자   그러니까 다 처벌받아야죠.

성호 아빠   책임을 안 지어준, 정확하게 구분해 주지 않은 것도 다 잘못된 거예요. 그런 생각을 법원에서 많이 하죠. 다 자기는 잘못 안 했다고 그러니까. 계속 그렇게 느껴왔던 거고, 그 『세월호를 기록하다』[라는] 법정 기록만 책으로 만들어내신 분 있잖아요. 그거 꼭 한번 읽어보세요. 전부 재판정 안에서 나오는 글들이라 재미는 없는데, 그분이….

면담자   그래도 상황은 잘 알 수 있겠네요.

성호 아빠   응, 한번 쓱 훑어봤어요, 다른 거 보고. 근데 거기서
많이 느껴요. 공동 책임은 무책임이구나.

8
온마음센터 활동

면담자   온마음센터는 처음에 어떻게 만들어진 건가요?

성호 아빠   온마음센터가 참사가 생기고 나서 바로 만들어졌죠.
처음에는 자원봉사들로 이렇게 그룹이 만들어지고, 제법 큰 데서
그 큰 의사들이 와서 집단치료를 해보겠다고 그렇게 많이 했었고.
2014년도 4월 말, 5월경에 정부에서 뭐 지원하겠다고 그런 걸 만들
었었는데, 그게 그러니까 모태가 됐고요. 다른 단체 말고 온마음센
터만 이야기하는 거는 온마음센터가 지금 국가 또는 지방자치단체
가 지원하는 그런 공식적인 기구이기 때문에 온마음센터를 이야기
하는 거고요.

    그렇게 해서 만들어졌고, 초창기 시행령이 준비되고 할 때쯤까
지만 해도 '트라우마센터, 심리치유센터를 국립으로 큰 빌딩을 만
들어야 된다'. 그래서 '그곳에서 안전 교육도 하고, 심리 치료도 하
고, 안산 시민 누구나 다 이용할 수 있는 그런 센터가 있어야 된다'
[라고 했었어요]. 꼭 참사가 아니더라도 그럴 필요는 있었으니까. 그

렇게 만들어야 되고, 예산은 어느 정도 편성이 되어야 된다. '최소 40억, 50억 정도는 편성이 돼서 어느 정도 규모로 만들어져야 된다'는 게 안산 지역 국회의원들, 여야 원내 대표들, 처음에 참가했던 의사들 뭐 자원봉사자들의 공통적인 생각이었어요.

그리고 2년 걸쳐서 계속 싸워오면서 2015년 말까지는 국가 중앙정부에서 예산을 냈었어요. 2016년 1월부터는 경기도가 내요. 경기도가, 남경필 씨가. 경기도가 내면서 트라우마센터를 짓겠다라는 것은 없어져 버렸어요. 국가에서 손을 떼면서 없어져 버렸어요. 경기도는 그런 부담을 안기 싫은 거지. 경기도가 관할하면서 온마음센터에 감원을 때렸어요. 오히려 인원을 내보내는 그런 일들이 벌어졌어요. 그래서 제가 생각하는 온마음센터는 지금보다 더 커지지는 않을 거예요.

지금 상태라면 없어도 될 수준에서, 대충 지어서 조그만 센터 하나로 끝내버리려는 거지. 한 건물의 구석을 이렇게 빌려 쓰는 그런 느낌일 거고. 가족협의회 심리생계분과장이면 온마음센터 운영 회의에 들어가요. 네, 그게 3개월에 한 번씩 회의 들어가고, 1년에 네 번 회의해요. 거기 가면 온마음센터를 만드는 데 가장 원인 제공을 많이 하고 기획을 많이 한 아주대학병원의 파견 직원이 오고요, 경기도에서 와요. 그리고 센터장하고, 센터 직원들하고, 가족협의회 사람들하고, 안산시청 직원하고 다 모여서 운영 회의를 해요.

'어떤 일이 있었고, 뭘 할 거고, 돈을 얼마를 썼고, 후반기 계획은 이런 걸 할 것이다' 그런 스케줄을 이야기하는데. 음, 2016년 첫

회의에 제가 들어가서, 1월 달 회의였으니까, 1월 달까지는 제가 임기였으니까, 경기도는 온마음센터를 1월서부터 싫어했어요. '그거 굳이 필요 없는 거 아냐?' 뭔가를 이야기했는데, '그거 왜 해요? 이건 시청이 해야지, 보건소가 해야지 왜 이걸 온마음센터가 해요?'라는 식으로 확 바뀌었어요. 그게 2016년 1월 달에 내가 회의 들어갔을 때 느낀 거였어요. 그렇게 온마음센터가 흘러가고 있어요.

나는 온마음센터에서 하는 프로그램은 한 개 해봤어요. '마음대로 욕하는 교실'을 열어서, 욕을 하러 한 번 갔었고. 어떤 서비스를 받으러 가는 게 아직까지 사치 같아요. 예를 들어, 가장 이용도가 높은 게 마사지예요. 몸을 주물러주는 게 편하거든, 심리적으로 물리적으로 편하니까. 그건 편하니까 많이 하고. 뭐 교육도 가고, 나들이도 가고, 만들기도 하고 등등, 이용해 본 거는 '욕하는 교실'에서 욕하러 한 번 갔었고, 나머지는 회의만 들어갔었어요.

온마음센터에서 피해자 가족 하나하나에 대해서 다 연결 고리는 있어요. 연락처나 이런 건 다 있는데 공개를 못 하죠. 이게 또 개인 정보 처리 관련 법안 때문에. 2015년도에 처음 그 온마음센터 가서 회의할 때, 이슈는 그거였어요. 2014년도 말에 자살을 시도한 학생이 있었잖아요, 생존 학생이. 그거 관련해서 그런 피해자를 막아보자. 그리고 순범이 아빠 케이스도 있었고. 그런 걸 좀 막아보자라는 취지로 많이 접근했었는데, 그것도 나름 한계에 부닥치더라고요.

예산 가지고 일단은, 틀어쥐고 있는 중앙정부나 경기도, 뭐 사

성호 아빠 최경덕

사건건 보고해야 되는 시스템. 음, 그 중앙 기관 지원이나 도 지원을 받기 때문에 예산을 주는 쪽에 보고를 해야 돼요, 뭘 했는지. 그게 어떻게 보면 가장 큰 단점이에요, 온마음센터의. 사설로 만들어진 '이웃'[치유공간 '이웃']이라는 데가 있죠? '이웃' 같은 경우는 자원봉사 개념으로 해서 만들어져서 꾸려진 곳이잖아요. 서류가 없어요. 그게 단점이며 장점이에요. 누가 오늘 와서 무엇을 하고 갔는지 기록에 남기지 않아요.

면담자   가는 사람은 마음이 편하겠네요.

성호 아빠   네, '편하게 왔다가 편하게 하다가 편하게 한 만큼 가시고, 마음대로 하셔라' 이게 그곳의 방침인데, 음, 장점이자 단점이죠. 그런데 온마음센터는 그것이 또 단점이자 장점이야. 중간 정도가 딱 만들어지면 좋을 텐데, 그게 안 되나 봐요. 그래서 그 트라우마, 심리치료센터 같은 경우는 어디로 가야 될지 잘 모르겠어요. '이웃'에 가서 정혜신 박사나 이야기를 들어보면 '그렇기 때문에 그게 제일 편하다. 왜 그걸 기록을 해서 스트레스를 주느냐, 지칠 때 와서 쉬는 곳이다' 그런 개념이라고 생각을 해야 되는데, 온마음센터에 가면 '마사지 받으러 4반 성호 아빠, 최경덕 왔다 가요' 적어야 돼요. 그게 가장 큰 차이점이에요.

면담자   '마사지 받으러 A 씨 왔다' 이러면 안 되나요?

성호 아빠   경기도에다 보고해야 되는데?

면담자　　　　아…. 인원 체크만 해도 될 것 같은데요.

성호 아빠　　제가 온마음센터에 가진 거[생각]는, 많이 위축돼 보였고, 보고를 해야 되는 단체가 돼버렸다. 그리고 오히려 불편한 부분들이 부각되고 있다. 커지지 않을 가능성이 더 크다. 그런 슬픈 마음을 좀 가지고 있어요.

면담자　　　　유가족이 온마음센터를 이용하기도 쉽지 않겠네요.

성호 아빠　　그러니까 늘 가셨던 분만 가는 그런 게 된 거죠. 제가 얼굴도 모르는 분이 가서 안마 받고 있어. 활동을 전혀 안 하면서 마사지만 주구장창 받으시는 분이 계셔, 그런 분들. 활동을 많이 하는 쪽에서 보면 얄밉죠. 근데 거기까지 나오기가 안 되는 거야. 개개인의 성향의 차이나 감정의 차이가 있기 때문에. 그런 것들도 저한테 트라우마로 작용했어요. 저분들을 위해서 내가 계속 [뭔가] 해줘야 되나?

면담자　　　　그런 마음이 들 것 같아요.

성호 아빠　　그런 것도 많이 느꼈어요. 성금하고 나서 [국민성금수령 신청받는 일을 맡고 나서] 트라우마에 한 번 빠졌었고요. 그다음에 온마음센터에 있는 지원할 수 있는 걸 주변에 지원하시겠다는 걸 연결시켜 주는 것? 그런 거에서도 트라우마를 많이 느꼈어요. 너무 헤프게 없어진다는 그런 생각도 많이 했고.

　　음… 그 희생 학생의 아버님이 암을 앓으시는데 병원비가 없어가지고, 그거 제가 연결했던 건 '잘했다' 생각하는 게 하나 있어요. 강원도 가서서, 고향에서 지내시면서 계속 병원에 다니셔야 되는 케이스, 물론 지금 돌아가셨지만…. 그분한테 독지가를 제가 연결해 드린 적이 있어요. '도와드리면 되겠네요' 그래서 연결이 된 건, 잘했다는 뿌듯함 같은 건 있어요. 그런 것들도 있지만, 또 어떤 부분에서 보면 이건 너무 낭비 아닌가? 제가 너무 가난하게 살아서 그런지 모르겠는데, 헤프게 귀한 줄 모르고 소모하는 것으로만 전락해 버린 가족들을 볼 때, 음… 좀 화나죠. 공평하지 않으니까.

9
가족협의회 심리생계분과 활동, 아빠공방 활동

면담자   아버님이 가족협의회에서 특별히 심리생계분과 활동을 선택하신 계기가 있나요?

성호 아빠   내가 아파서. 웃으라고 그런 [농담한] 거고요. 감정 기복이 많았었고요, 그 분과장을 1월 달에 뽑았잖아요? 2015년 1월 달에 뽑아서 제가 2015년을 임기를 했잖아요.

면담자   네, 그 후로 다른 어머님이 하셨고요.

성호 아빠   그때 그 누구냐, 경주 엄마가 하다가 제가 하고, 지금 재욱이 엄마가 맡고 있는데. 특별하게 심리[생계]분과를 해야겠다라는 그런 것보다는 가족협의회에서 같이 다니는 일을 하고 싶었어요. 어떤 문제를 해결하기 위해서 선두에 나가서 그걸 하고 싶었어요. 음, 그게 좀 정당하거나 그런 일이라고 생각했기 때문에, 내가 그 일을 선동적으로 하고 싶었어요. 내가 꼭 심리[생계]분과를 해야 한다는 그런 목적이 아니고, 가족협의회 소속이 돼서 전체 가족들을 끌고 가는 선두에 있고 싶었어요. 뭐랄까, 자리 의식 그런 건 아니고, 데모를 해도 제일 앞에 나가고 싶었고, 내가 주장하는 게 정당하다고 생각했기 때문에 그냥 따라다니는 군중의 일부, 무리의 일부 그런 걸로는 제 생각에 안 맞았던 거 같아요.

아까 잠시 이야기했던, 뭐 잘하거나 안 하거나, 그 두 개 중에 하나가 돼야 되는데 어중간한 건 아니라고 저는 생각을 하거든요. 열심히 잘하거나, 그래서 누구보다 더 열심히 그걸 하거나 아니면 차라리 안 하는 게 낫죠. 어설프게 여기 발 쬐금[쪼끔], 저기 발 쬐금, 이건 아닌 거 같고. 최근에… 계속 쉬었잖아요. 공식 활동은 그렇게 안 했잖아요. 가족협의회 열심히 하지 않았기 때문에 몸이 더 아픈 거 같기도 하고, 그래서 조금 해볼려고 해요. 진상분과 일을 좀 도와주고, 무엇이라도 가족협의회가 하는 일에 좀 도와주고 싶고.

육체 운동을 좀 하고 싶어요. 너무 이렇게 근육이 쪼그라든 느낌이거든요? 그래서 더 아픈 거 같기도 하고. 조금씩 움직여볼려고 해요. 그러다 좀 뛰어도 될 만한, 그런 판단이 된다고 그러면 또 달려가야죠. 무슨 장르에서 달릴지는 모르겠지만, 내가 추모분과 갈 수도 있고, 진상분과에 갈 수도 있고, 아니면 배에 그냥 붙어서 살지도 모르겠지만, 그런 생각을 가지고 있고. 인양이 되고 나면 배

성호 아빠 최경덕

옆에 가서 감시하고 있을 거예요, 아마 제가. 다른 뭐, 무엇을 떠나서 거기 가 있을 거 같아요, 그건 분명하고.

면담자   그렇죠. 어떻게 보면 그게 제일 중요한 부분이에요.

성호 아빠   4층 위에 선수에 있는 우리 아들 머물렀던 방에, 난 가봐야 돼요, 가봐야 되고… 가봐야지.

면담자   심리생계분과에서 일하실 때 특별한 사건이나 지난번에 말씀하신 잠수사 관련해서 기억나는 일이 있을까요?

성호 아빠   화물 기사님하고 잠수사님들, 제주도에 계신 분들 같은 경우는 그 지역에 있는 심리 치료하러 가서야 되는데, 그쪽에서 먼저 연락이 왔어요. 전문으로 하고 온 거 같지도 않고, 가서 어떤 어느 정도 프로그램이라는 것도 빈약하고. 그래서 안산에 온마음센터를 같이 이용할 수 없냐고. 그걸 연결해 드렸던 기억이 나고요. 화물 피해자 중에서 온몸에 화상을 입으신 분이 계세요. 정××씨라고. 한 달 화상 진료비가 한 700만 원 정도 들어가는 그런 케이스인데, 그분이 의인 판정[을] 받으셨더라고요. 구하는 과정에서 화상을 입으셔가지고 의인 판정 받은 분. 그리고 학생 중에서 의인 신청을 한 사람이 세 케이스가 있어요. 제가 분과장하고 있을 때 의인 신청 세 건이 있었는데, 차웅이가 의인이 됐죠, 다른 경우에는 객관성이 떨어진다라고 해서 안 됐고. 차웅인 잘됐고요. 어제도 차웅이 아빠 만났는데.
    또 심리생계분과 하면서 기억나는 게 뭐가 있을까요? 세세하게 들어서, 각각 보기 전에는 잘 모르겠는데, 처음에 들어가서 가족들 전체 현황 조사 한번 하려고 했는데, 정말 만만치 않더라고요. 안 쓰려고 하니까. 〈비공개〉 누구나 심리적인 상태는 다 다르고요, [자기에게] 맞는 것[치유 방법]도 다 달라요.

그래서 가족들 중에서 많이 쓰고, 심리생계분과 할 때도 가장 많이 썼던 말인데 "마음 가는 대로 하세요" 네, 그렇게. 마음 가는 대로 해야 되는 거지, 이게 답이 없고, 내가 만든 프로그램이 통하면 나아지고 이런 건 아니더라고. 누구에게는 혼자 방 안에 콕 처박혀 바느질하는 게 맞고, 누구에게는 수다 떨면서 하는 게 맞고, 누구는 간담회를 다니면 낫고, 누구는 피케팅을 하면 나아요. 누구는 자연으로 들로 돌아다녀야 낫고, 누구는 여행을 다녀야 돼요. 참사가 생기고 많은 사람들이 그러잖아요. "어디 휙 여행 좀 갔다 와" 이런 말들을 하잖아요. "훌훌 털고 어디 좀 갔다 와", "산골에 가서 한 두어 달 지내다 와", 여러 가지 솔루션을 내요, 사람들이. 자기가 알고 있는 쉬는 방법, 마음을 치유하는. 그런데 이렇게 가족들 접해보니까, 자기가 하고 싶은 거 하면 돼요. 우리 집사람이 저한테도 하는 말이에요. 내가 우리 집사람한테도 하는 말이에요. "너 하고 싶은 대로 해". 하고 싶은 대로 하는 게 가장 편한 거죠. 그게 치료 아닐까.

면담자   아빠공방이나 다른 활동에 대해서도 좀 더 들려주세요.

성호 아빠　　　　아빠공방은 제가 심리[생계]분과장 할 때 만들었죠. 그때 아빠공방 같은 경우는 예은이 엄마가 교회 통해서 소개를 받아 오셨어요. 이런 공방, 이 취지에 대해서 다 공감하고 있을 때였으니까. "아빠들이 집중할 수 있는 뭔가를 좀 만들어주자. 그런 목적으로 기부를 하시겠다고 한다, 종교 단체에서. 그러면 공식적으로 가족협의회 산하단체로 공방을 좀 만들어줄 수 없겠느냐"[라고 해서] 그러자고, 저도 목공 좋아하니까. 그래서 만들게 됐죠.

　　기부하신 분이 딱 꼬집어 '무슨[어느] 나라에서 만든, 요 기계를 들여놔주세요' 하고 기부를 해버리니까, 다른 목적으로 쓸 수가 없더라고요. 예를 들어서 '이건 대만산 안 되고요. 이탈리아에서 무슨 톱을 사주세요' 하고 꼭 집어서 기부를 해버리시니까, 다른 용도로 쓸 수가 없더라고요(웃음). 그래서 그분한테 다시 요청했죠. "좀 사주세요", 제가 살 줄 모르니까. 목적 기부라는 게 그거예요. 이런 용도로 이걸 써주세요. 이렇게 기부를 해버리면 받는 사람이 그거 이외에 써버리면 이거는 뭐, 공금유용처럼 그렇게 돼버리니까. 정확한 목적으로 기부를 해버리시니까, 아예 물목을 짜 오셨어요. 어디서 만든 거, 얼마짜리고 이거 다 해서 이만큼 금액 들어가니까 이렇게 써주세요. 딱 기부를 해버리니까, 하….

면담자　　　　돈은 이만큼인데.

성호 아빠　　　　시청만 들볶았죠. 등 달아주시고요, 컨테이너라도 주시고요(웃음), 전기도 주시고요, 시청만 들볶았죠.

면담자   그렇죠. 만약에 돈으로 기부하셨으면 그걸 좀 더 돌려서 사용하셨을 텐데.

성호 아빠   네, 네, 이걸 유도리[융통성] 있게 블라블라 만들면 되는데, '요런 기계를 사서, 요런 장비가 있어야 되니까 요거 사세요'라고 기부를 해버리시니까. 음… 처음에는 그런 거 가지고 좀 우스운 일이 좀 있었고. 그런데 결과적으로 지금 보면 아빠공방이 2기예요. 1기 교육자들 배출하고, 2기 교육자들 교육받고. 제가 지금 2기에 들어가 있어요. 목요일마다 목공[아빠공방] 가요. 그렇게 하고 있고. 지금 간단한 걸 또 만들기 시작했고.

면담자   지금은 뭐 만들고 계세요?

성호 아빠   지금은 조그만 탁자 만들고 있어요. 음, 그게 아빠공방이고, 지금 엄마공방도 2기예요. 최초에 공방을 했던 게 다영이 엄마, 건우 엄마, 어… 지숙이 엄마 이런 멤버들이 1기를 했었고요. 그것들에서 소비가 일어나니까, 엄마들이 와서 이렇게 그 공간을 그런 목적으로 계속 써주니까 성빈 엄마가 아주 공식적으로 가족협의회[로] 받아버리고 예산까지 허락 맡아서 하는 걸로 하고, 엄마하장[엄마랑함께하장]이라는 것도 하면서 여기를 끌어가자. 그리고 강제적으로 한번 들어오면 못 나가는 카톡방을 만들어놨죠. 내가 두 번이나 나왔는데 또 불러들여서, 엄마공방에 들어가 있어요. 왜냐하면 그거 만들 때 같이 심리생계분과 했었거든요. 성빈 엄마가 그 팀장으로 있었거든요, 같이 일을 하니까. 그래서 엄마공방, 아빠공방에 다 들어가 있고, 엄마공방 카톡방에서 못 나가요. 나가면 바로 불러버려.

면담자 　　　 엄마들이 그런 게 있죠.

성호 아빠 　　 왜 나가? 들어와? 이렇게. 〈비공개〉 그런 거 있죠. 아빠공방 같은 경우는 사회적 기업으로 가는 과정을 지금 슬슬 보고 있어요. 자생할 수 있게.

면담자 　　　 좋은 방법이네요.

성호 아빠 　　 그런 것들을 보고 있고, 5월인가 엄마하장을 또 할 거라고 하더라고요? 그래서 아빠공방에서 아마 이번에는 만년필하고 샤프를 나무로 만들어내지 않을까. 뭐 그런 걸 지금 막 공부하고 있어요.

면담자 　　　 아버님도 만드실 거죠?

성호 아빠 　　 난 안 만들라고.

면담자 　　　 만들어주셔야죠. 저 엄청 기대되는데.

성호 아빠 　　 그 나무로 된 케이스 있잖아요? 안에 들어가는 거는 [플라스틱] 그러더라도 바깥쪽 외장이 나무로 된 것들. 그럼 다듬어 놓으면 예쁘더라고요? 샘플로는 만들어봤는데.

면담자 　　　 그럼 만들어주세요, 저 살래요.

성호 아빠 　　 그렇게 샤프를 만들면 얼마에 팔아야 돼요?

면담자　　　5000, 6000원은 받아도 되지 않나요?

성호 아빠　　하여튼, 뭐 만년필을 좀 더 고가로.

10
대안학교 이야기

면담자　　　아버님, 지금까지 얘기한 활동 외에 기억나는 활동이 있으면 짧게 말씀해 주시고 오늘은 마무리할게요. 하고 싶은 말씀이 있으면 더 하셔도 되고요.

성호 아빠　　애기 몇이에요?

면담자　　　없어요(웃음).

성호 아빠　　계획이 없는 거예요? 아니면.

면담자　　　남편이 나라가 이 모양 이 꼴이라 아직 못 가지겠다는데요.

성호 아빠　　음, 아까 대안학교를 제가 잠시 이야기했었잖아요.

면담자　　　네, 네.

성호 아빠　　대안학교가 비용이 많이 들더라고요. 중학교, 고등학교까지만 보내는 데도 상당히 많이 들고.

면담자　　　마음이 있어도 못 보내는 분이 꽤 있더라고요.

성호 아빠   대안학교 중에서도 인가를 받은 데가 그렇게 많지 않아요. 그래서 거기를 1, 2년 보냈다가 정규학교에 다시 넣는, 그런 것들이 나오더라고요. 그렇다고 대안학교만 초·중·고를 다 보낼 수도 없고. 음, 그런 현실적인 문제가 있고, 특별조사위원회에 그 누구야, 위원장. 그분이 지리산 자락에 있는 그 대안학교, 간디학교에 아이를 보내셨더라고요. 그 학교가 교육청하고 한판 떴을 때 변호를 서주셨더라고. 이석태(웃음). 네, 그런 걸 봤는데, 대안학교가 생각하는 그런 교육관 같은 방식으로 살면 어떨까. 꼭 그곳에 보내서 자녀를 이렇게 교육시킨다기보다는 그런 생각으로[을] 가지고 있으면 어떨까. 예전에 참사 이전이었다면, 내가 대안학교를 알았다면 성호를 거기에 보내지 않았을까.

면담자   아, 참사 이전이라도요?

성호 아빠   너무 부럽더라고요.

면담자   네, 아이가 그렇게 자랄 수 있다면.

성호 아빠   응, 그런 생각이 들고. 내가 너무 좀 편협한 사고와 공간과 구성 속에서만 살아서 많이 좁은 시각을 가지고 있었지 않았나. 그래서 아이한테 좀 거칠게 대했던 게 아닌가.

면담자   아버님, 이 말씀은 아마 4차 구술 때 더 해주셔도 될 것 같아요.

성호 아빠   남았어요? 뭐 할 건데?

163
•

면담자   4차 구술 때는 지금까지 약 2년 9개월간 진행된 사건이랑 활동 속에서 아까 말씀해 주신 것처럼 가치관의 변화나 그런 부분에 대해서 좀 여쭤보려고요. 그 이야기는 4차 때 다시 해주셔도 될 것 같아요.

성호 아빠   그럼 마칠까요?

면담자   네, 감사합니다. 오랜 시간 고생하셨습니다.

4회차

2017년 2월 22일

1 시작 인사말

2 대전 강연회 이야기

3 힘이 되는 점과 후회되는 점

4 삶의 변화

5 잃어버리면 안 되는 것을 지키기 위한 노력

6 진상 규명의 의미, 아이를 떠올리면 드는 생각

1
시작 인사말

면담자　　　　본 구술증언은 4·16 사건에 대한 참여자들의 경험과 기억을 기록으로 남김으로써 이후 진상 규명 및 역사 기술에 기여하고자 합니다. 지금부터 최경덕 씨의 증언을 시작하겠습니다. 오늘은 2017년 2월 22일이며, 장소는 안산시 단원구 세승빌라입니다. 면담자는 정수아이며, 촬영자는 김솔입니다.

2
대전 강연회 이야기

면담자　　　　제가 시작하기 전에 지난주 근황을 짧게 여쭤봤습니다. 대전 강연회 다녀오셨다고 했는데, 좀 더 말씀해 주세요.

성호 아빠　　　이번 주 월요일이었죠? 대전 전민동성당에서 "분노를 기억하라"라는 제목으로 강연회를 했었고요. 제주도 했었고 창원도 했었고 그랬는데, 대전 전민동성당이 6회차였어요. 『약전』[『416 단원고 약전』]에 참가하셨던 오현주 작가, 진상분과장 장훈, 박주민 의원, 그렇게 세 명이 강연자로 강연을 했고요. 『약전』과 아이들 이야기 조금 하고. '아이들의 이름을 기억하는 것이다'라는 내용으로 오현주 작가가 하고, 장훈 분과장은 지금까지 진상 규명이 어떤 식으로 진행되어 왔고, 지금 남아 있는 것들이 이만큼이고, '앞으로 이런 일을 해야 된다'라는 내용으로 했고. 그리고 현재 세월호 특조위 2기를 위해서 법안이 발의되어 있는데요, 그 법안 관련해서 박주민 의원이 이야기하는 세 가지 패턴으로 했었고요. 강연 마치고는 성당 지하 1층에 가서 조금 더 편한 대화를 나눴고요. 거기서 같이 가셨던 부모님들 인사하고, 본인들 소회도 이야기하고, 그런 내용을 갖는 시간이 있었고. 그 자리가 훨씬 더 편하죠, 강연보다는.

또 마침 밖에는 그… 정확한 단체 이름은 제가 까먹었는데 대구천인가? 대위천인가? 뭐, 대한민국을 구하는 천주교 모임? 하여튼 비슷한 거였는데, 대위천인지 대구천[대수천. 대한민국수호천주교인모임]인지. 그 단체에서 와서 집회를 하고 계셨어요, 태극기와 성조기를 들고. 그 단체의 리더가 지금 대통령 변호인단의 머리 하얗고, 할 때마다 기도하시는 분 있죠? 그분이 그 단체의 리더래요. 음… 강연이 시작하기 전부터 오서가지고 앰프로 막 소리 지르고, 악쓰고 계시고, 태극기 흔들고, 들어가는 사람한테 다 소리 지르고. 음, "세월호 지겹다", "북으로 가라", "뭘 더 빼먹으려고 그러느냐, 돈 충분히 받지 않았느냐", 그런 내용으로 막 떠들고 계셨고.

그런데 성당에 강연 들으러 오신 분들이 들어가면서 역으로 도발을 하시더라고요. "어르신, 얼마 받고 오셨어요?" 이렇게 역으로 도발하고 들어가버리니까, 그 말에 또 흥분해서 막 악을 쓰시더라고. 한 20분 동안 열심히 악쓰시다가, "그 사람 나오라"고 막 그러시다가 지칠 때쯤 되면 또 다른 사람이 들어가면서 "얼마 받고 오섰어요?" 이렇게 두세 번 도발을 해버리니까 그분들이 또 진이 빠지더라고. 기억나는 건, 한 10살 정도 된 꼬맹이가 그분들한테 도발을 하더라고. 마이크로 시끄럽게 하지 말고 마이크 떼고 이야기하라고. 꼬맹이가 이렇게 도발을 다 하고. 일단 그 부모님들하고 강연하면서도 이야기를 했는데, 태극기 들고 열심히 환영해 주셔서 반갑고 고마웠다고. 그런 일들이 있었어요.

강연 내용 전반적으로 좋았고요, 6회차까지 왔기 때문에 앞에서 부족했던 것들도 많이 보완이 돼서 좀 더 전달해 드리려고 이렇게 해서, 내용은 좋았어요. 진상분과장이 잠을 못 자서 집중력이 좀 떨어지긴 했는데 음… 많이 좋아졌어요.

면담자   강연 다녀오신 뒤에 특별한 일은 없었고요?

성호 아빠   강연을 갔다가 어제 새벽에 도착했거든요. 마치고 안산 돌아오니까 2시 가까이 됐더라고요. 푹 자고, 그리고 뭐 다른 일은 없었어요, 지금까지는.

3
힘이 되는 점과 후회되는 점

면담자   아버님, 지난 2년 9개월을 돌아볼 때 이처럼 활동을 지속해 온 힘은 무엇이라고 생각하세요?

성호 아빠   뭐 부모님들 다 비슷한 이야기가 나올 것 같아요. 왜 이렇게 활동을 하게 되었는지 그런 내용의 질문을 하면, 뭐 성당에서도 그런 질문이 나와가지고, "많이 삐걱거리기도 하고 그런 게, 내부적으로 다툼도 있고 하는 게 보통 일반적인 단체인데, 세월호 유가족들 대단하시다" 그런 식으로 항상 질문을 하시잖아요? 근데 가족들 내부적으로도 많이 삐걱거리고요, 뭐 의견 안 맞아서 다투기도 하는데, 공통점이 있죠. 같은 나이 아이를 가진 부모님들이잖아요. 그리고 같은 일을 겪었고. 그러니까 반응이 비슷할 수밖에 없는 거예요. 부모님도 나이, 연령층이 비슷하잖아요. 네, 그래서 이야기가 더 편한 그런 것도 있고.

그저께 성당에서 윤희 엄마도 그런 이야기하시더라고. 같은 질문에 대한 답이 될 수 있겠는데, "엄마고 아빠니까 그런 것 같다. 그렇게 하는 것이 나중에 아이를 보게 되면 덜 미안한 것이 아니겠는가. 부끄러운 부모가 되고 싶지 않아서 그런다, 분해서 그런다". 뭐 그런 것들이 지금의 부모님들을 만든 이유가[원동력이] 아닐까[싶고], 다른 이유는 없어요. 그랬던 거 같애, 나도 그런 거 같고.

진상분과장도 같은 이야기를 했어요. 제가 아빠라서 그럽니다. 끝까지 남아 있으면 아마 그게 자기일 거라고 진상분과장이 이야기하더라고요. "애한테 쪽팔리면 어떻게 하느냐, 나중에 애 봤어도 좀 떳떳한 아빠가 되고 싶어서 이런다, 미안해서 더 그런다, 내가 아빠라서 그렇다". 같은 이유죠. 이렇게 안 하면 애한테 너무 미안해서, 저도 그렇고. 그래서 부모님들이 다 지금까지 달려온 게 아닌가, 그런 거 같아요.

170

면담자   지난 2년 9개월간 많은 활동을 하셨잖아요. 현재 시점에서 생각할 때, 당시 아버님 활동이나 어떤 선택에 대해서 아쉽다거나 후회되는 점이 있으면 말씀해 주세요.

성호 아빠   과거로 돌아갈수록 더 후회가 많아지는 거죠. 예를 들어서 어제나 그제는 조금 덜 후회하고, 제일 후회하는 건 2014년 4월 16일이죠. 그때 연락할 수 있는 기회가 있었을 텐데… 아, 15일로 돌아가서 배 타지 말라고. 그런 것들이 제일 먼저 후회될 거고.

그리고 음… 날이 좀 지나서 4월 19일, 20일 이렇게 됐을 때, 가족들을 막아선 경찰들이나 이런 걸 처음 겪었을 때. '지금 정도로 우리나라에 대해서, 정부에 대해서, 해수부에 대해서 좀 잘 알았다면, 지금 정도만큼 알았다면 좀 더 현명하게 대처하지 않았을까'. 뭔가 부족했거나 방법이 약간 모자랐던 부분에 대한 후회들이 있죠. 점점 조금씩 알아갈수록 조금 더 현명해진 거 아닌가 하는 생각을 하고요, 그때는 감정이 더 컸으니까. 지금도 감정이 크긴 하지만, 감정들을 주체를 못 하는 상태에서 조금씩 냉정해질 수 있었던 거 같고요.

과거로 돌아가면 돌아갈수록 다 바보 같은 짓을 했다 싶어요. 그때 그걸 안 했어야 되는데. 그때 끝장을 봤어야 되는데, 뭐 이런 것들? 그런 후회들을 많이 했고, 모든 대목에서 다 그래요. 모든 대목에서 다 만족스럽진 않아요. 그러니까 뭔가 부족하고 잘못했던 거 같고. '그때 왜 그냥 강하게 그걸 끝을 보지 않았을까?' 이런 생각. 지나고 나면 다 후회투성이지 않아요? 누구나 그럴 거 같애. 지나고 나면 과거가 100퍼센트 만족하는 건 없을 거 같고요. '이게 좀 좋았다. 그때 우리 그랬었는데' 추억할 수는 있겠지만, '아! 그때 우리 만족했어. 어! 저거 좋았어' 이거보다는 후회들이 많이 남죠. 음… 과거로 가면 갈수록 좀 더 그게 짙어지죠. '그때 좀 더 강하게 밀어붙였어야 되는데', 뭐 그런 것들. 전부 다 그래요, 응.

면담자　　　전부 다.

성호 아빠　　하나로 딱 집어주기를 원했는데 제가 전부 다라고 답해버렸구나. 하여튼 그래요.

면담자　　　그럼 지난 2년 9개월 동안 아버님을 가장 힘들게 한 점은 뭘까요?

성호 아빠　　4월 16일이요. 그걸 왜 물어.

면담자　　　물론 그 사건 때문에 지금까지 괴롭고 힘들지만, 사고 이후 지금까지 아버님을 가장 힘들게 한 요인이 있을 수 있을 것 같아서요.

성호 아빠　　제가 가장 힘들었던 거는 아마 4월 16일 밤, 저녁때. 4월 16일 아침부터 4월 17일 집사람한테까지 올 때까지 그 시간이 었을 거예요. 그때가 제일 힘들었던 거 같고. 그리고 4월 18일쯤에 '아, 성호가 죽었겠구나' 그걸 느꼈을 때 가장 힘들었고.

　그 뒤로는 집사람을 계속 지켜봐야 했어요. 음… 그게 힘들었죠. 다른 건 뭐 버려도 내가 다시 구할 수 있는 그런 것들이 많았는데, 집사람은 내가 계속 지켜봐야 되잖아요. 똑같은 일을 겪었으니까, 내용을 다 알잖아요. 계속 지켜봐야 했거든요. 그 변해가는 모습을, 힘들어하는 걸 열심히 지켜보고 있어야 되니까, 그게 제일 힘들었죠. 다른 건 뭐… 약 먹으면 낫는 건데, 그건 약 먹어도 낫는 게 아니라서. 지금은… 집사람 지켜보는 게 힘들어요. 제일 힘든 일인데, 계속 지켜봐야 되니까. 이제는 많이 좋아졌어요. 많이 밝아지고… 되게 개구지고요[짓궂고요]. 철도 없고. 그래서 철없는 딸 같기도 하고 어느 때는. 음, 저런 때 힘들죠. 왜냐하면 '아, 이러면 안 되는 단계'라는 거니까. 아, 왜 이렇게 진지하게 대답을 하는 게 힘들지. 아휴. 아, 진지하게 대답을 하는 게 힘드네요.

면담자   감사합니다, 네. 정말 힘든 이야기 해주신 거 [알아요].

성호 아빠   가장 소중한 게 뭐라고 생각해요? 본인에게 가장 소중한 거?

면담자   가족이요.

성호 아빠   본인 빼고 가장 소중한 거, 가족이잖아요. 그러니까 잃으면 안 되는 게 있잖아. 아, 이렇게 힘드네. 아휴 참, 담배 한 대 피고 쉬어야겠다. 한 번 쉽시다.

(잠시 중단)

면담자   지난 2년 9개월 동안 활동하시면서 아버님한테 가장 위안이 된 일은 무엇이 있을까요?

성호 아빠   유가족들. 같은 일을 겪어서, 음… 끔찍한 이야기 같이 꺼내도 서로에게 스트레스가 안 되는 사람들이 옆에 있었던 거요. 그 사람들이 옆에 있어서 말을 할 수 있었고, 뭐 애 이야기를 해도 되고, 그런 사람들이 옆에 있다는 것. 나랑 같은 상황에 있는 사람이 옆에 있다는 것. 혼자 겪은 사람들도 많겠죠. 다른 끔찍한 일을 겪은 사람들이 많겠지만, 그나마 같은 일을 겪었던 사람들이, 비슷한 조건에 있는 사람들이 주변에 많았다는 것. 그리고 아들 친구의 부모님들을 만났다는 것. 든든한 위안이 됐어요. 친가족보다 더 위안이 되는 사람들이죠. 〈비공개〉 가족들보다 더 많이 의지가 되기도 하고요.

가장 많이 의지가 됐던 거는 비슷한 상황을 겪었던 사람들이 주변에 있다는 것, 그리고 집사람이 아직 내 옆에 있다는 그거죠. 지금 나를 가장 많이 흔들 수 있는 거는 아마 집사람이 아닐까요? 아까 말씀드린 것처럼 잃어버리면 안 되는 것들, 그 소중함. 위안이 되는 대상이기도 해요, 내가 보살펴줘야 되는 대상이기도 하지만. 그런 집사람이 있고, 아들 친구들의 부모님, 그리고 같은 일을 겪은 사람들. 그 사람들이 가장 위안이 되죠. 무슨 이야기든지 다 할 수 있어요, 그 사람들한테는. 그리고 그게 같은 내용이라는 거. 내가 결국 내 고통을 이야기해도 그게 이 사람의 고통이고, 나랑 이야기하는 사람의 고통과 같다는 것. 비슷한 증세를 다 앓아오고 있다. 동병상련이죠, 뭐. 그런 것들. 답이 됐나요?

4

삶의 변화

면담자   4·16 이후에 아버님이 하신 활동과 그것을 통해 알게 된 세상이나 경험이 아버님의 가치관이나 삶에 대한 태도에 변화를 가져왔다고 보세요?

성호 아빠   뭐, 그렇죠. 우리 배웠던 거 이야기한다고 하면, 예전에 같으면 저는 정치라는 걸 전혀 나랑 상관없는 일, 내가 몰라도 되는 일, 내 인생에 큰 영향을 주지 않는 일, 그런 거라고 생각을 했는데. 지금은 많이 바뀌어서 적극적으로 참여해야 된다는 것, 내 인생을 송두리째 바꿔놓을 수도 있다는 것, 서로 다른 의견을 가진 무리들이 많이 충돌하고 있다는 걸 알았죠, 예전엔 몰랐는데. 전 박근혜를 찍은 사람이에요. TV에서 많이 봤던 얼굴을 찍은 거죠. 그래선 안 된다는 걸 배웠고, 또 진보와 보수라는 개념도 알았고, 그들이 주장하는 거나 성격이나 일하는 방식이나 이런 것들을 봤죠. 예전에는 몰랐어요. 예전에야 뭐 직장 다닐 때는 직장의 한 분께서 "당신은 보수적이야"라는 말을 했는데, 왠지 좀 옛날 거 같은 느낌이어서 "난 보수적이지 않는데?" 이렇게 이야기했고.

그런데 지금은 내가 진보적이 된 것 같아요. 진보에 가까운 사람이 된 거 같은데, 예전에 알던 진보와 보수라는 단어, 지금 제가 아는 진보와 보수는 많이 다르죠. 이제 조금 더 개념이 명확해진 거 같고요. 마음속에 보수랑 진보가 같이 있지만, 좀 더 진보 쪽에 많이 가 있는 그런 성격으로 바뀐 거 같아요.

그런 것들을 배웠다고 하는데⋯(한숨) 그거를 몰라도 될 만큼 그렇게 살고 싶은데, '그런 걸 알아야 된다'라고 생각하는 사람으로 바뀌어버렸죠. 그게 슬픈 거 같아. 왜 그걸 꼭, 그걸 모르고 살면 얼마나 행복한 걸까. 태평성세는 요 왕의 시대고요, 요 왕은 농사를 지었대요, 왕이.

면담자   왕이 농사를 지을 만큼 태평했다는.

성호 아빠   네, 그래서 왕의 존재가 필요 없는. 거기에 진보와 보수가 뭐가 있어요? 그냥 이웃이지. 그렇게 살아야 되는데.

면담자   정치 외에 이웃이나 돈에 대한 관점도 바뀌었나요?

성호 아빠   경제적으로 부유한 편은 아니었고요, 제가. 그래서 제가 그 씻으면서 물을 계속 틀어놓는 사람이 아니에요. 최근에 하나 바뀐 건 있어요. 물은 아끼지 말자. 그런 거 하나 바뀌었고. 그⋯ 뭐 경제적인 건 특별히 설명할 건 없을 거 같고.

예전에는 직장을 다녔는데 지금은 다니지 않고 있죠. 10년 넘게 다닌 회사에서 "복귀할 수 있느냐?" [그래서] "지금은 안 되겠다" 해서 복귀를 안 했는데, 그게 뭐 2014년도죠. 2014년도는 내가 복귀할 수 있는 상황은 아니었고, 해야 될 일이 너무 많았고, 그걸 내가 해야 된다고 생각을 했었기 때문에 그때는 복귀를 못 한다고 했었는데, 그 뒤로 회사하고는 연결이 끊겼죠. 회사의 오너께서 좀 보수적인 분이세요. 박근혜 대통령이 당선됐을 때, 회사에 당선을 축하하는 대자보를 붙인 분이 저희 회사의 회장님이시라, 그 뒤로는 끊겼죠. 가족협의회에서 세월호 활동하는 걸 보고 적으로 간주했을 수도 있고, 회사 쪽에서. 물론 저도 먼저 연락하진 않았지만. 그렇게 끊겼고.

음… 경제활동은 하고 있지 않으니까, 그래서 불안하죠. 이 상태가 얼마나 오래 지속될 것인가라는 불안함. 그런 것들 때문에 좀 불안함을 가지고 있죠. 그런데 아직까지는 뭐, 통장에 잔고가 남아 있나 봐요. 고맙게 주신 국민 성금 그거하고… 애 보험금 같은 거, 그걸로 버티고 있는데. 버틸 수 있을 만큼 버티고 아무것도 없으면 다시 일하러 가겠죠. 근데 이걸 어떻게 설명해야 될지 잘 모르겠어요. '애 보험금 가지고 내가 백수건달이 된 건 아닌가'라는 그런 생각도 가끔 해요.

면담자 아휴, 아니에요.

성호 아빠 아니, 그건 제가 스스로 하는 거니까, 그런 생각도 가끔 하고요. 음… 나이 많은 어르신들이 보면 이걸 어떻게 생각할까 하는, 그 태극기 들고 오신 분들이 외치는 그런 주장에 내가 가 있는 건 아닌가? 스스로 자문할 때가 있어요. 그건 아닌 거 같은데? 그렇게 자문할 때도 있고. 그런 상황에 제가 있어요. 내 속에는 진보와 보수도 있는 반면에, 천사와 악마도 있고, 그런 것들이 있잖아요, 반대적인 것들이 내 몸속에서 막 싸우잖아요, 항상.

아침마다, 또 특별한 일정이 없는 날, 아침에 일어나서 이렇게 밖으로 잠시 나오면 사람들이 막 출근하는 모습들을 보잖아요. 7시 반 정도, 사람들 바쁘게 움직이잖아요. 그 속에서 나는 바쁘지 않은 거예요. 그럼 속으로 계속 자기를 괴롭히죠. 넌 뭐 하고 있어? 난 뭐 하지? 오늘 누구를 만날까? 오늘 뭐 하지? 그런 갈등을 많이 해요, 지금은. 예전에 제가 가족협의회에서 활동을 많이 할 때는 그런 질문들이 없었는데, 지금은 활동량도 좀 줄고. 그래서 다른 특별한 일정이 없는 날, 이렇게 스스로한테 야단쳤다가, 위안했다가, 달래기도 했다가, 스스로에게 묻는 질문들이 많아졌어요. 제가 그걸 표현하는 거는 뭐, 내가 나를 찾고 싶어 하는 거 아닌가. 다시 내가 일을 하고 싶나? 가족협의회 활동을 내가 원하는 거 아닌가? 지금 내가 사는 방식에 불만이 많구나? 그런 것들을 스스로 자문하고 계속 불만족스러운 상태가 지금 좀 있어요. 그게 예전과 다른 생활이죠.

예전에는 특별한 목적의식이 없어도 아침에 일어나서 출근해야지, 출근하는 데만 집중을 했었잖아요. 그랬던 과거의 모습을 돌아보면 '참 바보 같은 짓이야'라고 생각을 하는 것도 있지만, 또 그런 바쁜 생활을 추억하는 향수 같은 게 좀 있긴 해요. 복잡[하]고 다양하죠. 그런 게 좀 바뀌었고… 나 질문 다시 한 번 해줄래요? 아아, 생각났어, 생각났어요.

면담자   세상에 대한 관점이 바뀐 부분이 있는지.

성호 아빠   〈비공개〉 작년 3월에 어머니 돌아가실 때, 제 손을 잡고 돌아가셨거든요. 돌아오는 3월 2일이 어머니 첫 기일이에요. 어머니 제사에 가긴 가야 되는데, 〈비공개〉 어머니는 요양병원에서 1년 넘게 침대에 누워 계시다가 돌아가셨어요. 아프신 상태였기 때문에 성호가 이렇게 된 줄 모르신 상태로 계속 계시다가 작년 3월에 돌아가셨어요.

면담자   그럼 모르신 채.

성호 아빠   네, 모르고 가셨죠. 이제는 아시겠죠. 그래서 엄마 납골당 거기다가, 성호랑 엄마랑 찍은 사진이 있어요. 그걸 갖다 넣어주고 싶은데, '그걸 넣어주러 가야겠다'라는 이유를 또 내가 만들었어요. 〈비공개〉 '엄마 납골당에 성호랑 엄마랑 찍은 사진, 그 사진을 넣어주면 어떨까'라는 핑계를 만들어서 가려고 해요. 그런 것들이 과거랑 지금이랑 본다면 많이 바뀐 것들 중에 하나죠. 기존에 내가 가지고 있던 가족 관계는 완전히 붕괴가 됐어요. 내 맘에 들지 않으면 가지 않아. 더 이상 나를 아프게 하거나 그런 것들을 철저히 배제해요. 세상 사람들도 마찬가지예요. 나를 비난하고 막 그러면, 뭐 욕을 하거나 막 그렇게 한다고 그러면 무조건 배제해버려, 안 만나면 돼. 〈비공개〉 그래서 어느 정도 포기할 부분은 포기해버린 거죠. 아, 바뀌지 않으니까 바꿀려고 노력하지 말자. 〈비공개〉

우리 집사람은… 2015년쯤에 아버님 생신인가 해서 한 번 간 적이 있어요. 그래서 부산에 한 번 갔었는데. 시댁에 가면 며느리의 역할들이 빤히 보이잖아요. 음식 준비하고, 그런 것들. 다른 유가족들도 마찬가지겠지만, 명절이나 집안의 대소사가 있어서 가게되면, 내가 여기서 왜 부침개를 붙이고 있는지 모르겠다는 이야기를 하세요. 명절에 가서, 한두 번 와서, 일반적인 그 가족 관계가 그런 건데, 유가족들 보면 '내가 자식 제사도 못 지내고 있으면서 왜 증조할아버지 제사상을 여기서 차려야 돼?' 이런 생각을 하시는 분들이 많아요.

아까 수현이 이야기 짧게 했었는데, 수현이 같은 경우는 유골함을 집에 갖다놨어요. 그런 가족들 많은데. 가장 중요한 걸, 이렇게 망가뜨려져 있는데 내가 왜 여기서 이런 걸로 스트레스 받아야 돼? 그런 것들 있잖아요. 그런 것들이 많이 바뀌었어요. 태극기 부대를 봐도 '그래' 이렇게 덤덤하게 봐버리고 뭐 그렇게 하는데, 내가 왜 이런 데서 이런 종류의 상처를 받아야 되지? 이런 스트레스를 내가 왜 받아야 되지? 아예 보지 말자. 이게 뭐 2년간, 3년간 이렇게 언론 플레이에 많이 당해서, 그런 상처들을 많이 받아서, 거기서 그 상처를 안 받기 위해서 내가 극복하는 방법으로, 상처를 덜 받는 방법으로 내가 바뀌어버린 거 같아요. 유가족들도 비슷한 거 같애.

어느 상처가 다가오면, 어떤 설득이나 해명으로 이게 해소가 되는 갈등이면 저 앞으로 나서서 해명하고 막 이렇게 했었는데, 저건 어쩔 수 없는 상황이다, 할아버지들 왕창 와서 태극기 들고 흔들고 있다, 저건 극복이 안 된다, 어떤 설명으로도. 그럼 아예 외면

성호 아빠 최경덕

해버리는 거야, 상처 더 이상 안 받으려고. 주승용이 저렇게 난리 치고, 배·보상이 어떠니, 시체 장사니 그런 이야기 막 나올 때도, 극복이 안 되는 갈등이잖아요. 아예 무시를 해버리는 거야, 아예 끊어버리는 거야, 절연. 저건 나랑 상관없는 일이야. 극복이 안 되는 그런 것들에 대해서 아예 그냥 버려버리는 거야, 포기를 해버리는 거야, 포기. 그렇게 좀 바뀐 것 같고요.

제가 전에 구술하면서 말씀드렸는지 모르겠는데, 전 대한민국 한테 그렇게 기대하는 게 없어요. 기대를 안 해야 내가 안 아프니까. 기대를 하면 하는 만큼 아프니까. 그래서 저는 대한민국을 '버릴까'라고 생각을 하고 지금도 '버렸다'라고 생각을 해요, 내가 대한민국을. 뭐 포기했다고 생각하고요, 대통령이 탄핵이 안 돼도 그렇게 슬프지 않을 것 같아요. 내가 덜 아플 준비가 다 돼 있기 때문에.

면담자　　네, 어떤 마음인지 알 것 같아요.

성호 아빠　　더 이상 나를 상처 줄 수 있는 것은 그렇게 많지 않아요. 남은 것만 잘 지키면 돼, 그런 생각. 그러면서 모든 대인 관계나 사람 관계나 어떤 갈등이나 그걸 해소하는 방법들에 대해서, 덜 망가지기 위해서 좀 뭐랄까? 강력한 성을 하나 쌓은 거 같아요. 이게 가치관이나 논리 그런 게 아니고, 스스로 뭐 어떤 경우로 뭘 만들어놓은 거 같애. 그래서 별로 나를 상처 줄 게 이제 없어요. 누군가가 나한테 그렇게 상처 줄 수 있는 게 별로 없어. 이게 철학이면 좋은데, 하여튼. 그렇게 제가 바뀌었어요.

〈비공개〉 특히 시행령 나오고 우리 삭발한 시점 있죠? 삭발하고 4, 5개월 뒤에, 그때 고향에 갔었어요. 누군가의 죽음이었어요. 아, 작은아버지구나. 작은아버지 돌아가셨을 때. 2015년도 10월쯤이었어요. 작은아버님 상에 갔었다가 거기서 막 수많은 화살들이 다 나를 향하더라고요. 그래서 나를 지키기 위한 방법이었던 거 같아요. 〈비공개〉

면담자   참사 이후, 종교에 대한 태도는 어떻게 변화가 있으신가요?

성호 아빠   더 무신론자가 됐어요.

면담자   아무래도 그렇죠.

성호 아빠   그렇지 않아도 교회를 다니고 있는 중에 이 일이 터져가지고 교회 안 가잖아요, 그다음부터. 그저께도 성당에 다녀왔지만. 음, 경멸한다거나 그런 건 아니에요. 그 분위기는 너무 좋아요. 예배 드리고 뭐 미사를 하고 이런 것, 다 되게 좋아요. 그 하나의 믿음을 위해서, 같은 생각을 가지고 있는 사람들이 모여 있기 때문에 그런 것들은 좋아요, 차분하고 그래서 좋았는데. 음, 근데 그 신앙적인 믿음이란 건 원래도 없었지만, 안 되는 건 안 되는 거 같애.

면담자   신의 존재에 대해서 잘….

성호 아빠   응, 바뀐 것들에 대해서 지금 이야기하는 거죠. 가족

성호 아빠 최경덕

관계나 이런 부분에 대해선 이야기드린 것 같고.

면담자　　　　네, 지난주에도 잠깐 이야기해 주셨는데 교육관이나 이런 부분은 달라진 점이 없나요?

성호 아빠　　　응응, 교육관, 교육관. 그… 아이가 또 있다면 하고 싶은 대로 내버려둘라고. 응, 절대로 무엇을 강요해선 안 된다. 강요한 만큼 후회하더라고요. 강요를 좀 했으니까. 내 주장을 관철시키기 위해서 애를 때리기도 했었으니까. 아이의 주장을 묵살하고 막 그런 것도 많이 했었으니까. 그걸 한 만큼 후회하더라고요. 하고 싶은 대로, 하고 싶은 만큼 하게 놔두는 것이 제일 좋은 교육이 아닐까.

대신 더 많이 이야기하고, 더 많이 같은 것을 즐거워하고, 그렇게 하는 게 교육이고, 그게 가족관 아닌가 싶어요. 집사람하고도, 뭐 자식이 또 있다면 자식에게도, 좋아하는 걸 서로서로 같이 하는 게 가장 좋은 교육이 아닌가, 가정 내에서. 예를 들어서 저랑 친하다고 생각하고 가족이라고 생각을 해요. 좋아하는 걸 나도 좋아하고 같이하면 더 좋을 거 아니에요. 그게 가족 내에서는 제일 좋은 거 같고.

자식이나 이런 교육하는 것도 그걸 성취하려고 배우려고 하는 그 사람이, 그 아들이, 그 딸이, 그 동생이 뭐 배우려면 '네가 하고 싶은 걸, 네가 하고 싶은 만큼 해라' 그리고 그걸 위해서 뒷바라지해 줄 수 있으면 할 수 있는 만큼 해주는 게 좋은 거 아닌가.

단일 교육이 좀 재미없죠. 대안학교에 가서 느꼈던 그 아이들의 자유로움, 실패를 두려워하지 않는 그런 부분이 정말로 마음에 들었었고, '나도 저렇게 했었어야 되는데'라는 후회를 많이 했었죠. 끝나지 않는, 무한 반복되는 후회죠, 되돌릴 수 없으니까. 교육에 대해서는 그런 정도의 생각으로 많이 바뀐 거 같아요.

면담자　　　　안산에서 살아가는 부분은 어떠세요? 지금 가족협의회 하시는 유가족 말고, 사고 이전에 이웃이라고 할 만한 분들과 관계는요?

성호 아빠　　　　직장으로 맺어진 그런 관계였죠. 안산 쪽에 직장 다니고 있으면 안산 직장 안에서.

면담자　　　　네, 이웃과 관계는 어떠신지.

성호 아빠　　　　아무도 없어요, 저는. 2006년도에 안산 떠나서 제가 지방생활 시작했고요. 영주, 순천, 뭐 그러다 해외로도 가고 막 그랬었는데. 2006년 이후에 지금까지 이웃, 그런 개념은 없죠. 집사람 같은 경우는 안산에 계속 있었으니까, 집사람 주변으로 형성된 인맥들? 뭐 어떤 뭔가를 교육하러 가서 교육생 동기들, 집사람이 교회에서 만난 몇 분들, 그런 인맥들은 남아 있죠, 집사람 통한 인맥은 남아 있고. 저한테 안산 쪽에 이웃이라고 생각하는 분들은 없죠. 와동에 살 적에 집주인 아줌마? 뭐 그걸 이웃이라고 해야 되나? 집사람과의 인맥이죠. 그분이 하시는 슈퍼에는 지금도 가요. 가서 얼굴 보고, 햇반 사러 거기 가고, 뭐 그런 것들을 하기도 하는데, 다른 인맥들은 안산 쪽에는 없어요.

대학교 동기들 인맥은 아직 있고요. 친한 친구들 몇 명 있고. 며칠 전에도 그 친구 집에, 지난주 금요일경에 그 친구, 지금 동탄에 사는데, 친구한테 가서 밥 먹고 수다 떨고. 그 집 애가 성호랑 같은 해에 태어나서 계속 자라왔거든요, 친구로. 네, 그랬는데 참. ××라는 친군데, 걔가 27일 날 안산에 있는 한호전[한국호텔관광실용전문학교]에 입학을 해요. 그래서 거기도 가봐야 돼요. 걔도 트라우마를 겪었어요. 계속 같이 옆에서 자라난 친구가 없어졌잖아요. 음… 걔 보러 가야 돼요. 그런 친구들이 좀 남아 있고. 직장 쪽에는, 다 없어졌고요. 그런 상태에요. 가끔 예전 거래처에서 연락이 오는데, 아직도 회사 다니는 줄 알고, 가끔 그래요. 내용을 아는 분도 가끔씩 전화 오고.

면담자 안부 전화인가요?

성호 아빠 "여전히 일 안 하세요?" 이렇게. 그리고 예전에 거래했던 거래처 사장님 중에 한 분은 "끝까지 지지합니다" 이렇게 카톡 보내오시는 분도 계세요. 나름 내용을 좀 알고 계신 분이고. 그정도? 그런 거 외에는 다른 어떤 인간관계? 인맥이라 할 수 있는 거는 없어요. 조금 외롭죠. 그래서 수다가 많나 봐. 가끔 만나서 수다 떨어줄래요?

면담자 아, 그럼요.

성호 아빠 아이구야 (웃음), 감사하네.

5
잃어버리면 안 되는 것을 지키기 위한 노력

면담자 　아버님, 현재 가장 걱정되거나 고민되는 점이 있으면 말씀해 주세요.

성호 아빠 　음, 집사람. 두 번째 내 건강. 몸이 많이 안 좋아서요. 많이 아파요.

면담자 　건강해지려고 노력하고 계신 거죠?

성호 아빠 　아니요.

면담자 　그게 문제죠.

성호 아빠 　그래서 따뜻한 곳에 가서 살려는 생각을 많이 하고 있어요.

면담자 　아, 그래서 한국을 떠나고 싶다고….

성호 아빠 　한국 국적을 버리겠다는 이야기는 아니고요. 이민 가겠다는 개념이 아니고, 추울 때 가서 좀 지내다 왔으면 좋겠어요. 너무 쑤셔서. 절룩절룩하는 내가 싫어요. 그런데 절룩절룩하더라고요. 몸을 움직이는 걸 한 30분에서 1시간을 하게 되면, 내가 절룩절룩하고 막. 목공 제가 가잖아요. 목공을 하고 나서 좀 치우잖아요, 바닥 어질러놓은 것들 치우면서 빗자루질[비질]을 한 5분, 10분 하면 손이 아파서 빗자루를 못 잡아요. 빗자루를 막 던져버리고 싶어. 그러니까 내가 너무 싫은 거야. 처음 목공 갈 때는 1시간 반을 하고 나니까 하루를 누웠어요, 내가, 힘들어서. 지금은 좀 길어지긴 했는데, 그래도 누워야 돼, 힘들어서.

면담자   뼈마디가 쑤시니까.

성호 아빠   네, 네, 그런 것들. 열심히 해요, 열심히. 앞으로도 해야 하기 때문에. 집사람이, 그러니까 그거죠. '잃어버리면 나를 아프게 하는 것들' 이렇게 순서를 나열하면, 집사람이 1번이고요. 그다음에 내 건강이에요. 내 건강을 잃으면 매일매일 고통스럽겠지. 그거 말고는 나머지 지켜야 될 것도 없어요. 중요하지 않더라고요, 나머지 것들은 잃어버려도.

예전에는 뭐 아웅다웅하고, 뭐… 저는 물건 잃어버리는 걸 정말 싫어하거든요? 내 물건을 잃어버리면 나를 자책하고, 또 내가 그래서 애가 물건을 잃어버려도 야단을 많이 쳐요. 왜 자기 물건을 잃어버리냐? 막 그렇게 야단치는 사람이었는데, 그런 것에 대해서 좀 관대해졌죠. 결국 중요하지 않더라. 잃어버리면 어때서? 잃어버리면 안 되는 것들에 대한 가치가 더 커져버리는 바람에 나머지는 다 잃어버려도 되는 것들이 돼버렸어요. 예를 들어서, 뭐 내 소지품이라든지 이런 거. 아, 그 속에 담긴 사진이나 추억이나 기억이 안타까운 것이지 그 이외에는 뭐. 폰을 잃어버렸다? 폰이 아까운 건 아니에요. 왜? 내 노력 여하에 따라서 새로 장만하면 되는 것이지만, 안에 있는 다른 가치가 더 아까운 거예요. 그렇게 좀 바뀌었어요. 잃어버리면 안 되는 것들에 대해서 좀 더 비중이 커졌다? 뭐 그렇게 해석할 수 있을 것 같아요. 음, 애기가 몇 명이랬죠?

면담자   없어요.

성호 아빠   언제 만드실 거예요?

면담자   정권이 바뀌고 나서 생각하기로(웃음). 네, 남편이 아직은.

⟨비공개⟩

면담자   앞으로 살아가면서 한 가지 추구하고자 하는 목표가 있다면 무엇인지 여쭤볼게요.

성호 아빠   추구하고자 하는 목표요?

면담자   네, 좀 추상적이긴 한데… 뭔가 이루겠다, 이걸 꼭 해야겠다 하는 거요.

성호 아빠   단기적인 목표는 있어요, 장기적인 목표는 아직 잘 모르겠고. 단기적인 목표는 어… 그 일 이후에 있었던 상황들에 대해서 내가 기억을 최대한 살려서 내 간증을 좀 적고 싶다. 이때는 이러이러한 생각이 들었는데, 지금 돌이켜보면 이렇다. 그때 이랬어야 되는데, 저랬어야 되는데, 내가 왜 그러지 못했을까? 이 부분은 정말 안타깝다. 그런 내 의견을 좀 적어서 책을 한번 썼으면 좋겠다고 생각을 하고 있어요. 그걸 생각한 이유는… 성호가 글을 쓰고 싶어 했어요. 그걸 대신해 주고 싶은 생각이 좀 있어서. 그게 내

단기적인 목표. 그리고 예전부터 가지고 있었던 내 희망 사항이 하나 있는데, 지금도 그 희망은 버리지 않았어요. 죽을 때까지 세계 일주, 그게 내 희망이었어요. 저는 오지를 좋아해요.

면담자   아, 오지 여행을 좋아하세요?

성호 아빠   오지, 힘든 데 가는 걸 좋아해요. 거기서 성취감을 더 많이 느끼는 사람이라. 그게 있고, 원래부터 가지고 있던 게 그거였고. 글을 쓰고 싶다는 건 성호의 꿈을 대신해 주고 싶다는 거. 그리고 포기할 수 없는 건 진상 규명. 잘못한 만큼 벌 좀 받았으면 좋겠다는 것, 잘못한 사람들이. 내가 계속 잃어버리면 안 되는 건 집사람. 그리고 목표가 또 있을까?

면담자   아버님, 이제 건강을 위해서 노력하셔야겠어요. 어머님도 지키셔야 하고, 성호 꿈도 이뤄주셔야 하고, 진상 규명도 하셔야 하고… 건강 지키셔야겠네요.

성호 아빠   어쨌든 그런 생각해 보고요. 강아지를 풀어놓고 키울 수 있는 곳으로 이사 가고 싶어요. 좀 작은 걸로. 크면 관리하기 힘드니까. 강아지를 풀어놓고 키울 수 있는 곳으로 가고 싶은데, 처갓집이 딱 그런 곳이긴 한데 좀 멀어서. 강원도라. 이사를 가고 싶다는 생각을 다시 해요, 요새.

6
진상 규명의 의미, 아이를 떠올리면 드는 생각

면담자   아버님께 진상 규명은 어떤 의미이고, 어떻게 전망하시는지 좀 여쭤볼게요.

성호 아빠   내가, 개인적인 생각으로 전망이요?

면담자   네, 네.

성호 아빠   어떤 의미인지는 설명 안 드려도 될 것 같아서.

면담자   저는 알지만, 그래도 기록으로 남기는 거니까요.

성호 아빠   진상 규명이 되지 않는다면 분할 거 같아요. 가슴이 막 터질 거 같고, 분해서 미칠 거 같겠죠. 그게 제 답이고요. 장훈 분과장 이야기처럼 부모라서 그런 게 아니고, 분해서 죽을 것 같아요. 그 꼴을… 응, 그럴 것 같고. 전망? 기대 안 합니다. 기대하는 만큼 힘들 거예요. 지금보다 좀 나아지길 바라요. 샅샅이 밝히겠다, 끝까지 가겠다, 죽을 때까지 하겠다, 내가 끝까지 남을 거라고 그 다짐했던 만큼 힘들어요. 그래서 많이 하진 않지요. 나를 못 견디게 만들어. 수많은 밤을 그냥 악몽에 시달렸어요, 악몽에. 계속 거기에 목매는 만큼 힘들더라고요. 계속 악몽을 꾸더라고. 자다가 비명을 지르고 막 일어난 적이 한두 번이 아니에요. 그럼 옆에 사람이 막 깨워서 두드려주고. 뭐, 처갓집에 가서 잘 때도 장모님이 날 두드렸으니까. 최 서방, 진정하라고. 그 전망이라고 그랬는

성호 아빠 최경덕

데요. 전망, 기대하는 만큼 힘들어요. 지금보다는 좀 더 될 거예요. 그런 기대, 조금 가져보고. 대한민국은 기대 안 해요. 참 비관적이 됐죠.

면담자   어떻게 보면 아버님께 제일 아프고 슬픈 질문이 될 수 있는데… 2년 9개월쯤 지난 지금, 성호를 떠올리면 어떤 생각이 드시는지. 그리고 지금은 성호가 아버님께 어떤 의미인지 좀 여쭤볼게요.

성호 아빠   … 성호를 떠올리면 무슨 생각이 드느냐? 보고 싶죠. 아휴, 참… 나를 보는 거 같죠, 나를. 성호는 나 같죠…(침묵) 나 같아요, 나. 갈팡질팡하고, 어쩔 줄 몰라 하고, 두려움에 떨고 있고, 출구가 적은 것들에 대해서 기대하고, 미래에 대한 두려움도 있고, 엄마를 보면 행복하고, 가끔씩 이렇게 이야길 해본 게 대견하고 어른스럽기도 하고, 슬프기도 하고. 딱 나 같을 거예요. 근데 지금 생각해 보면 그 18살 이후가 상상이 안 되는 게, 그전의 모습은 봐왔잖아요, 그래도. 근데 고2 이후의 모습은 상상이 안 돼서. 다 이렇게 됐을 거야, 저렇게 됐을 거야, 말뿐이지만 그림으로 안 떠오르니까. 옛날에 즐거워하던 모습, 기뻐하던 모습, 걱정하던 모습, 이런 것들은 다 여기 영상이 나오는데, 그 미래에는 이랬을 거야라는 그런 말로만 나오고 영상이 안 나와요, 머릿속에. 그래서 음… 계속 그렇겠구나 그런 게 있죠. 성호는 그래요, 나한테. 나 같을 거야. 그래서 내가 좀 더 멋지게 살아야 되는 거 아닌가. 나처럼 될 거야, 자라서. 그러니까 꼭 글을 써야지. 여행도 가고.

면담자   꼭 세계 일주도 하시고.

성호 아빠   질문이 하나 더 있었는데, 뭐였죠? 두 개로 구성된 질문 아니었나요?

면담자   네, 지금 아버님께 성호가 어떤 의미인지 여쭤봤습니다.

성호 아빠   '성호를 대신해서 열심히 살아야 되겠다' 싶은 거죠, 뭐. 그래서 나쁜 짓 하기가 너무 힘들어요. 남자들은 일탈을 꿈꾸잖아요. 특히 그 40, 50 먹은 남자들은 나쁜 짓 많이 하고 싶잖아요. 그런 생각도 많이 해요. 그 얼마 전에 태국에 제가 혼자 갔다 왔어요. 집사람은 집에 놔두고 혼자 갔다 왔는데, 너무 답답해서, 그리고 막 쑤셔요, 그래서 갔는데. 남자들이 태국을 가면 생각하는 나쁜 짓 많잖아요. 남자가 태국 하면 떠오르는 건 딱 그거예요, 매춘의 나라. 여기서 꼭 나쁜 짓을 해봐야지, 혼자 왔으니. 그런데 못하게 돼.

면담자   못 하게 되세요.

성호 아빠   그러니까 사람이 그렇게 돼. 세월호 유가족으로 세상에 많은 사람들이 나를 알아요. 대한민국에서 내가 나쁜 짓 못하는 것도 똑같은 거예요.

면담자   그거랑 의미가 좀 다르게, 성호만의 어떤 그것 때문에, 남이 알아서 못 하는 게 아니라요.

성호 아빠   그게, 옆에 있는 거 같애.

면담자   그러니까요.

성호 아빠   그러니까 어떻게 나쁜 짓을 해, 나쁜 짓 하기 힘들어요. 지금 하는 제일 나쁜 짓이 가끔 술 먹고 담배 피우는 것. 당구장 가는 것, 가족들이랑. 그런 건데, 더 나쁜 짓을 남자들은 많이 상상해요. 정말 나쁜 짓을 많이 상상하잖아요, 특히 남자라는 동물은. 〈비공개〉 근데 모르겠어요. 20대 때는 뭐랄까. 20대랑 30대랑 40대가 또 다른 것처럼, 나쁜 생각을 많이 해요. 늑대도 들어 있고, 여기 악마도 들어 있고, 천사도 저 구석에 있겠지만 나쁜 생각들이 많이, 나를 움직이게 하는 동력이기도 해요, 가끔씩. '저거 죽여버릴 거야' 이런 나쁜 생각들이 나를 움직이는 동력이기도 해요.

그런데 음… 그런 것들 많이 제어하고 있지 않나. 내 어딘가, 여기 깊숙이 중요한 부분에서, 또 옆에서, 뒤에서 지켜보고 있는 거 같기도 하고. 성호를 생각하면 지금… 전혀 무섭다거나 그러진 않아요. 진상 규명과 관련해서 그 뭐랄까, 격렬하게 활동할 때는 계속 악몽을 꿨어요. 내가 계속 배 속으로 들어갔어요, 잠만 자면. 세월호 속으로 막 들어갔어요. 미칠 것 같아. 이거 어떻게 할 수가 없는 상황이었어요. 그랬는데… 지금은 그렇진 않아요. 내가 많은 기대를 버리고 나서 그러진 않고요. 그리고 성호를 생각하면 음… 내가 대신해서 살아야겠다는 생각. 그리고 나를 도덕적으로 만드

는 뭔가가, 뭔가를 계속 받고 있는 거 같아요. 지켜보는 눈이 많아
지면 못 하잖아요. 나를 '도덕적으로 살아라'라고 강제하는 힘 같은
그런 거. '좋은 일을 많이 해야겠다'라는 거.

집사람하고 최근에 세운 계획은 뭐냐면요, '가난한 나라에 가서
그 나라에서 가난하기 때문에 어쩔 수 없는 아이들을 좀 케어했으
면 좋겠다'라는 목표를 세웠거든요. 우리나라를 떠나서. 우리나라
에서는 안 하고 싶대요, 집사람이. '가난한 나라에 가서 가난 때문
에 어쩔 수 없이 너무 많은 것을 포기할 수밖에 없는 사람들한테
좀 도움이 되고 싶다'고. 집사람하고 나하고 둘이 또 계획이 그렇게
하고 싶다고 해요. 그때는 좀 행복해지지 않을까요? 집사람도 어떤
그러니까… 그걸 뭐라고 해야 되지. 약간 도덕적인 뭐랄까, 제어를
받고 있나 봐요. 나쁜 짓 하면 안 된다. 우리 집사람이 가장 나쁘다
고 생각하는 건 욕하는 거거든요? 욕하는 정도니까.

면담자　　　너무 착한 분이네요.

성호 아빠　　　길거리에 쓰레기 버리는 걸 가장 싫어하는 사람이에
요. 그런 사람들을 보면 화를 내요, 그런 사람인데. 누군가가 쓰레
기를 투기하고 있으면 격분하는 엄마예요. 안산시청에 가서 쓰레
기 봉지를 좀 받아 와서 자기가 동네를 다 청소하고 싶다는 이야기
를 가끔 하는 그런 사람이에요, 하여튼.

면담자　　　아버님, 4차 구술까지 모두 마쳤습니다. 혹시 제가
여쭤보지 못 했다거나 추가적으로 하고 싶은 이야기가 있으면 해

주서도 돼요.

성호 아빠   그런 질문을 만들어서 만나서 수다 떨죠.

면담자   그럴까요? 아유, 저야 좋죠.

성호 아빠   저도 나쁘지 않아요. 어떤 이야기를 해주지 않으면 뭐 어디서 꺼내야 될지 모르니까.

면담자   혹시 생각나시는 게 있으면 저한테 전화해서 '언제 와라' 하시면 제가 갈게요, 녹음기 들고.

성호 아빠   그러니까 구술이라는 형식을 통해서 뭐 기억의 일부를 이렇게 기록하는 거에 대해서 좋은 일이라고 생각하고요. 월요일 날 전민동성당 갔다 온 일을 처음에 말씀드렸잖아요. 질문을 미리 써놓으면 답을 하는 사람들이 너무 편하더라고요.

면담자   그렇죠. 생각이 정리도 되고요.

성호 아빠   그리고 어떤 것이라도 물어주면 답을 할 수 있잖아요. 있는 대로만 이야기하면 되니까. 이렇게 물어줘서 고맙고. 그런데 내가 하고 싶은 이야기가 뭐냐고, 남은 이야기가 뭐냐고 하니까 너무 막연해요. 그러니까 약간 요약해서 살짝만 툭툭 건드려주면 나올 수 있는 이야기들이 많을 거 같은데, 제가 충분하게 이야기하지는 않은 것 같아요.

면담자   네, 긴 시간 감사합니다. 이것으로 구술을 모두 마치겠습니다.

4·16구술증언록 단원고 2학년 4반 제12권

그날을 말하다 성호 아빠 최경덕

ⓒ 4·16기억저장소, 2019

기획 편집 4·16기억저장소 ᛁ **지원 협조** (사) 4·16세월호참사가족협의회
펴낸이 김종수 ᛁ **펴낸곳** 한울엠플러스 (주)
초판 1쇄 인쇄 2019년 4월 1일 ᛁ **초판 1쇄 발행** 2019년 4월 16일
주소 10881 경기도 파주시 광인사길 153 한울시소빌딩 3층
전화 031-955-0655 ᛁ **팩스** 031-955-0656 ᛁ **홈페이지** www.hanulmplus.kr
등록번호 제406-2015-000143호

Printed in Korea.
ISBN 978-89-460-6735-6 04300
         978-89-460-6700-4 (세트)
* 책값은 겉표지에 표시되어 있습니다.